FLORA

Alles für die Gartenpraxis

LECKERES OBST, GESUNDES GEMÜSE

Impressum

Neuer Pawlak Verlag in der
VEMAG Verlags- und Medien Aktiengesellschaft, Köln

Verantwortlich für den Inhalt: *Johannes Haller*
Konzeption und Text: *Ursula Krüger*
Lektorat: *Dagmar Rust*
Bildbeschaffung: *Petra Bremer/Nina Lucas, Picture Press*
Titelgestaltung: *Jutta Besser-Lahtz*
Layout: *Ingo Ruess, Dieter Weinrich* • ***Satztechnik:*** *Jens Pahl*
Für dieses Buch wurden Beiträge und Fotos
der Zeitschrift FLORA überarbeitet und erweitert.
Gesamtherstellung: *Neuer Pawlak Verlag*
in der VEMAG Verlags- und Medien Aktiengesellschaft, Köln

ISBN 3-86146-1183-8

FLORA
Alles für die Gartenpraxis

LECKERES OBST, GESUNDES GEMÜSE

Kaum ein Obst oder Gemüse
schmeckt frischer und ist gesünder
als das aus dem eigenen Garten.
Da weiß man, was drin ist.
Hobbygärtner finden hier guten Rat
von der Saat bis zur Ernte.

NEUER PAWLAK VERLAG

Das geplante Durcheinander in einem Bauerngarten hat viele Vorteile. Mehr darüber ab Seite 8.

Zwiebeln, Porree und Knoblauch sind das Schärfste. Wie man sie im Garten anpflanzt, steht auf Seite 24.

Basilikum ist ein Dauergast in unserer Kräuterküche. Porträts der Gemüse- und Heilkräuter finden Sie ab Seite 56.

INHALT

…st aus eigener Ernte ist immer …sch. Alles über die richtige Pflege …en Sie ab Seite 39.

Mangold ist ein Gemüse mit großer Tradition. Wie man es im Garten anbaut, erfahren Sie auf Seite 27.

Hochbeete: Gärtnern, ohne sich zu bücken.

Die großen Kisten haben es in sich. Alle Pflanzen wachsen besser, und die Ernte ist viel üppiger. Warum? Die Antwort finden Sie ab Seite 34.

Den Lohn für seine Mühe holt sich der Hobbygärtner während der Saison fast täglich aus dem Nutzgarten ins Haus.

Die eigenen Früchte schmecken am besten

Nutzgärten sind wieder in. Es macht ganz einfach Spaß, Gemüse, Kräuter und Obst zu ernten. Alles kommt frisch auf den Tisch, in den Topf oder Vorratskeller. Und gesund ist es sowieso.

Harmonie und farbige Vielfalt

Früher gab es weder Nutz- noch Ziergarten, sondern einfach nur den Garten. Und weil es vor allem die ländliche Bevölkerung war, die vor und hinter dem Haus Pflanzen kultivierte, hat er den Namen Bauerngarten erhalten.

Hier gibt es stets frische Blumen zu schneiden, Beeren zu naschen oder Kräuter zu ernten. Werden Gartenfreunde allerdings gefragt, wie ein Bauerngarten eigentlich aussieht und welche Bedeutung er hat, beginnt das Rätselraten. Ein Bauerngarten ist nämlich keineswegs ein Garten, der lediglich an einem Bauernhaus liegt. Er ist auch kein Wohngarten mit Terrasse, Rasenflächen und Spielplatz.
Der Bauerngarten ist eine bodenständige Art der Gartengestaltung, ein Gemüsegarten, sprich Nutzgarten, mit Gewürzen und Beerensträuchern, mit Blumen verziert. Er ist vor allem in kleineren Orten mit Fremdenverkehr noch zu entdecken, aber auch bei Bauernhäusern, deren Besitzer der Tradition verhaftet sind. Solch ein Garten aber paßt keineswegs nur zu einem bäuerlichen Gehöft. Modernen Haustypen, Einzel- oder Reihenhäusern, Altbauten und alten Villen sowie mit landschaftsgebundenen Materialien errichteten Häusern steht ein Bauerngarten genausogut zu Gesicht. Zudem kommt er als Naturgarten mit relativ wenig Arbeits- und Pflegeaufwand aus.

Ein buntes Gemisch

Viele Gärten sind auch einfach zu klein, um extra Gemüsebeete anzulegen. Man muß deshalb aber noch lange nicht auf frische Kohlrabis, Salate oder Kräuter verzichten, Nutz-

Blumen, Gemüse und Kräuter wachsen im Bauerngarten nebeneinander. So entstand das Wissen vom guten Pflanzennachbarn.

pflanzen lassen sich nämlich hervorragend zwischen Blumen und Stauden ziehen, wenn man zwei weitverbreitete Einstellungen über den Haufen wirft:

1. Nicht die Menge ist wichtig. Vielmehr zählen Qualität und Dauer der Ernte. Meist wird viel zu viel Gemüse und Salat angepflanzt. Es genügt, was man für den täglichen Eßbedarf braucht – das allerdings von Mai bis in den Winter.
2. Gemüse, Salat und Kräuter müssen nicht in ordentlichen Reihen stehen. Den Pflanzen ist es völlig egal, ob sie in lockeren Gruppen, im Kreis oder gar einzeln gepflanzt werden, Reihen brauchen viel mehr Platz, kreisförmige oder dreieckig versetzte Pflanzung spart Platz.

Betrachten Sie einmal Ihre Blumenrabatten daraufhin, was man an Eßbarem darin unterbringen kann. Die Zierpflanzen haben ja bestimmte Vegetationszeiten. Die einen kommen früh und werden dann aus der Erde genommen (z. B. Zwiebelgewächse). Andere wiederum werden erst im Spätsommer groß und breit. Es gibt also immer den einen oder anderen freien Platz, wo man Spinat, Radieschen und Salat, aber auch Blumenkohl, Brokkoli und Zwiebeln säen und ernten kann. Natürlich braucht das Gemüse auch ausreichend Raum.

Man kann Nutzpflanzen optisch so in das Bild einer Blumenrabatte einbinden, daß die Schönheit noch gesteigert wird. Einige Beispiele:

- Spinat mit seinen dunkelgrünen Blättern unterstreicht die Farben von Blüten.
- Pflück- und Schnittsalat, rot und grün gemischt, ist eine dekorative Beeteinfassung.

Pflanzen für den Bauerngarten

Aus der großen Anzahl überlieferter Arten nennen wir solche, von denen stets einige zu einem Garten alter Tradition gehören sollten. Sie sind in Gärtnereien und Garten-Centern erhältlich.

Kräuter und Heilpflanzen

Bohnenkraut (einjährig), Borretsch (einjährig), Dill (einjährig), Estragon (mehrjährig), Fetthenne (mehrjährig), Gartenkresse (einjährig), Holunder (Gehölz), Kamille (einjährig), Kerbel (einjährig), Königskerze (zweijährig), Koriander (einjährig), Kümmel (einjährig), Lavendel (mehrjährig), Liebstöckel (mehrjährig), Lorbeerbaum (nicht frostbartes Gehölz), Majoran (ein- bis mehrjährig), Melisse (mehrjährig), Minze (mehrjährig), Nieswurz-Christrose (mehrjährig), Rainfarn (mehrjährig), Paprika (einjährig), Petersilie (zweijährig), Ringelblume (einjährig), Rosmarin (nicht frostbartes Gehölz), Salbei (mehrjährig), Schnittlauch (mehrjährig), Thymian (mehrjährig), Wacholder (Gehölz), Wermut (mehrjährig).

Zierpflanzen

Akelei (mehrjährig), Aster (ein- bis mehrjährig), Begonie (ein- bis mehrjährig, Knollen nicht winterhart), Brennende Liebe (mehrjährig), Buchsbaum (immergrün, als Hecke oder Einzelbusch), Dahlie (nicht frostharte Knollen), Deutzie (Blütenstrauch), Efeu (immergrüner Bodendecker), Eisenhut (mehrjährig), Fuchsie (nicht frostharter Blütenstrauch), Flieder (Gehölz), Fuchsschwanz (einjährig), Geißblatt (Kletterpflanze, mehrjährig), Kornblume (einjährig), Lilie (Madonnen-, Feuer-, Türkenbundlilie; mehrjährig), Löwenmäulchen (einjährig), Lupine (mehrjährig), Maiglöckchen (mehrjährig), Margeriten (mehrjährig), Mohn (ein- und mehrjährig), Narzisse (mehrjährig), Nelke (ein- und mehrjährig), Pelargonie (mehrjährig, aber nicht frosthart), Phlox (mehrjährig), Pfingstrose/Päonie (mehrjährig), Portulak (einjährig), Primel (mehrjährig), Reseda (ein- bis mehrjährig), Rosen (alte Sorten, mehrjährig), Schmuckkörbchen/Cosmea (einjährig), Schneeglöckchen (mehrjährig), Schwertlilie (mehrjährig), Sonnenblume (einjährig), Stiefmütterchen (zweijährig), Stockrose (zweijährig), Strohblume (einjährig), Taglilie (mehrjährig), Traubenhyazinthe (mehrjährig), Veilchen (mehrjährig), Vergißmeinnicht (zweijährig), Winteraster (mehrjährig), Zinnie (einjährig).

Gemüse

Blumenkohl, Bohne, Erbse, Gurke, Kartoffel, Knoblauch, Kohl, Kürbis, Möhre, Salat, Sellerie, Spinat, Tomate, Zwiebel.

Obst

Erdbeere, Himbeere, Johannisbeere, Stachelbeere.

● Bohnen am Zaun sind Sichtschutz und – während der Blüte – Schmuck zugleich.
● Tomaten an einer sonnigen Hauswand bilden den ruhigen Hintergrund für bunte Blütenstauden.
● Erdbeeren sind ausgezeichnete Bodendecker.
● Kräuter, die halbschattige Standorte lieben, schützen Baumscheiben vor Verdunstung.

Allerdings müssen die Wünsche der Pflanzen berücksichtigt werden. Denn nur unter bestimmten Bedingungen wachsen Zier- und Nutzpflanzen gut auf ein und demselben Beet. Verwenden Sie deshalb nur Dünge- und Pflanzenschutzmittel, die für Gemüse zugelassen sind. Der Platzbedarf der Wurzeln und der oberirdischen Teile muß berücksichtigt werden. Überlegen Sie also von vornherein, wie groß und wie breit eine Pflanze wird – das gilt für die Zier- und die Nutzpflanzen gleichermaßen. Licht und Sonne müssen auch für die Nutzpflanzen ausreichend zur Verfügung stehen. Ein einzelner Salat, der sich unter dem Phlox versteckt, gedeiht nicht. Eine kleine Insel aus fünf Salatköpfen bekommt genügend Sonne.

Pflanzen haben einen unterschiedlichen Wasserbedarf. Pflanzen Sie also immer solche Nutz- und Zierpflanzen zusammen, die gleich viel Wasser brauchen. Auch der Düngerbedarf muß berücksichtigt werden. Ein Starkzehrer wie der Blumenkohl gedeiht nicht inmitten von Blumen, die in magerem Boden stehen. Ein Schwachzehrer schmeckt nicht, wenn er in zu gut gedüngtem Boden steht. Fruchtfolgen werden auch auf gemischten Blumen- und Gemüsebeeten eingehalten, und zwar so, daß niemals ein Stück Boden unbepflanzt ist.

All diese Gesichtspunkte zu berücksichtigen ist gar nicht so schwer, auch wenn es zunächst kompliziert klingt. Wichtig ist, daß man den Mut hat, einmal wegzugehen vom Herkömmlichen und schöpferisch eine ganz neue Art des Gärtnerns zu entwickeln. Dabei zeigen uns die Pflanzen sehr schnell, was machbar ist und was nicht. Gerade bei dieser Art des Gärtnerns lernt man am meisten aus Erfahrungen.

Typisch sind die Beeteinfassungen mit kleinen Buchsbaumhecken, die allerdings Arbeit machen.

Der klassische Bauerngarten

Eine allgemein gültige Form, eine Norm, gibt es für ihn nicht. Wenn möglich, sollte er eine quadratische oder rechteckige Form haben und in runde, ovale oder eckige Beete unterteilt sein. Vielfach wird ein kleinerer Garten mit einem Mittelweg auskommen. Manchmal ergibt sich ein Seitenstreifen am Zaun entlang, getrennt durch einen Weg von den Gemüsebeeten.

An Mittelweg und Zaun werden Kräuter und Blumen gepflanzt. Hier haben Goldlack, Schlüsselblumen, Maßliebchen, Akelei, Malve, Lilien, Rosen, Rittersporn, Bartnelken, Ringel- und Sonnenblumen, Tränendes Herz, Löwenmäulchen und andere Stauden sowie ein- und zweijährige Blüher ihren Platz neben Salbei, Liebstöckl, Dill, Borretsch, Bohnenkraut, Petersilie, Schnittlauch und anderen Kräutern. Auf den Beeten steht das Gemüse.

Wo die Anlage eines geräumigen Gartens erwünscht, möglich oder notwendig ist, sollten ihn zwei sich kreuzende Hauptwege unterteilen. Die Beerensträucher kommen an den Zaun oder in die Ecken. Besonderen Schmuck erfahren große Gärten durch ein Blumenrondell in der Mitte, auf das kreuzweise die vier Wege zulaufen.

Die Beete sollten nicht breiter als 110 cm werden, um die Bearbeitung nicht zu erschweren. Kies oder Rindenmulch eignen sich gut für die Wege, Betonplatten sind genauso Fremdkörper im Bauerngarten wie Plastikeinfassungen der Beete oder aus Beton gegossene Randbefestigungen. Dann sollten lieber Holzbohlen oder Natursteine als Randmarkierungen dienen. Ein Tip: Eventuell vorhandenen Beton zuwachsen lassen!

Niedrig gehaltener Buchs ist leider nurmehr selten zu finden, obwohl er sich als optischer Zusammenhalt besonders gut eignet. Übrigens kann der Buchs mit einer elektrischen Heckenschere leicht in Schach gehalten werden. Daß der Kompost-

Die von blühendem Lavendel eingerahmten Schönheiten sind Kohlköpfe. Bauerngärten werden oft in strenge geometrische Beetformen eingeteilt.

Vor den großen, blaugrünen Kohlblättern blühen die bunten Löwenmäulchen und Ringelblumen.

haufen einen Rahmen aus Holz und nicht aus Kunststoff erhält, sollte genauso selbstverständlich sein wie der niedrige Holzzaun.

Das kunterbunte, liebenswerte Durch- und Nebeneinander der unterschiedlichsten Pflanzenarten, das aber keineswegs ungepflegt wirkt, nützt auch dem ökologischen Denken. Unkräuter fallen nicht auf und durch die Mischkultur kann auf Pflanzenschutz aus der Spraydose verzichtet werden.

Der Bauerngarten soll nämlich nicht nur der Versorgung des Besitzers mit frischem Gemüse und Grün dienen, sondern auch zu dessen Erholung beitragen. Er soll ebenso Kleintieren wie Igeln und auch Insekten Lebensraum bieten. Vor allem aber soll er ein Minimum an Pflege und Zeitaufwand erfordern, dafür ein Maximum an Freude bescheren.

Das Klima rund um den Gemüsegarten

Dicht über dem Boden bildet sich das für die Pflanzen so wichtige Kleinklima. Es wird vom Wetter bestimmt, von der Lage des Grundstücks und auch von der Bepflanzung.

Alle reden vom Wetter – besonders Gärtner. Auf die Großwetterlage haben wir keinen Einfluß – dennoch können wir ein bißchen Petrus spielen, indem wir nämlich in unserem Garten ein optimales Kleinklima schaffen.
Unter dem Begriff Kleinklima versteht man die Temperaturen, die Feuchtigkeitszustände, Licht- und Windverhältnisse, die innerhalb eines Gartens, ja auf einem Beet herrschen. Und hier kann man schon manipulieren. Vor allem im Gemüsegarten.
Die Bedingungen für ein ideales Kleinklima: Fast den ganzen Tag Sonne, warm, geschützt vor scharfen Winden, aber trotzdem luftig. Ungünstig sind: Fast den ganzen Tag Schatten, Kältestaus, heftige Winde und stauende Hitze.

Viel Sonne und Windschutz

Nicht jedermann kann seinen Garten an einem idealen Platz anlegen. Aber wenn ein Garten neu angelegt wird, sucht man für den Nutzgarten die sonnigste und geschützteste Stelle aus. Diese liegt an der Süd- oder Westseite des Hauses. Der Garten sollte vor kalten Winden geschützt sein. Meist ist er das durch das Wohnhaus und die Nachbarhäuser. Gärten außerhalb einer Ortschaft schützt man durch Zäune, Hecken oder Mauern.
In Hanglagen ist der West- oder Osthang günstig, weil an Südhängen die Sonne oft zu heiß brennt und der Frost hier stark einwirken kann. Der ideale Garten liegt weder auf dem Gipfel eines Hügels, weil hier die Witterung extrem Einfluß nimmt, noch am Grund eines Tales, weil sich hier Kälte und Feuchtigkeit zu sogenannten „Kältelöchern" stauen.
Liegt der Garten an einem Hang, sollte direkt unterhalb des Gartens keine Mauer oder Hecke sein, davor staut sich die Kälte auch. Kann man sich die Lage nicht aussuchen, muß man die idealen Bedingungen so gut es geht selbst schaffen. Liegt der Garten in einem Tal, wird man oberhalb eine dichte Hecke anpflanzen, damit der Kältefluß (kalte Luft nach unten) an der Hecke hängenbleibt.
Liegen Haus und Garten auf der Kuppe eines Hügels, muß man für Windschutz sorgen, notfalls mit einer niedrigen Mauer. Hohe Mauern sind ungünstig, weil sie zuviel Schatten werfen und hinter ihnen starke kalte Luftwirbel entstehen. Noch besser als eine Mauer ist ein Zaun, den man bewachsen läßt.

Schatten vermeiden

In einem Garten, der wegen der Nachbarhäuser zu wenig Sonne abbekommt, vermeidet man alles, was zusätzlich Schatten werfen könnte: hohe Bäume, hohe Büsche, hohe Hecken. Und man legt die Beete in Ost-West-Richtung an, damit sie die volle Sonne abbekommen. Im Sommer trifft die Sonne in einem steilen Winkel auf die Erde, es wird also keinen total schattigen Garten geben. Hier muß man nun die wärmeliebenden Pflanzen an die sonnigsten Plätze setzen – und Stellen, die nur wenige Stunden besonnt sind, mit Pflanzen bestücken, die sich auch mit weniger Licht und Wärme zufrieden geben.
Im Nutzgarten gibt es keine Pflanze, die im totalen Schatten gedeiht – im Ziergarten schon. Den Schatten, den das Wohnhaus wirft, kann man nicht verkleinern, also legt man den Garten so an, daß der Hausschatten so

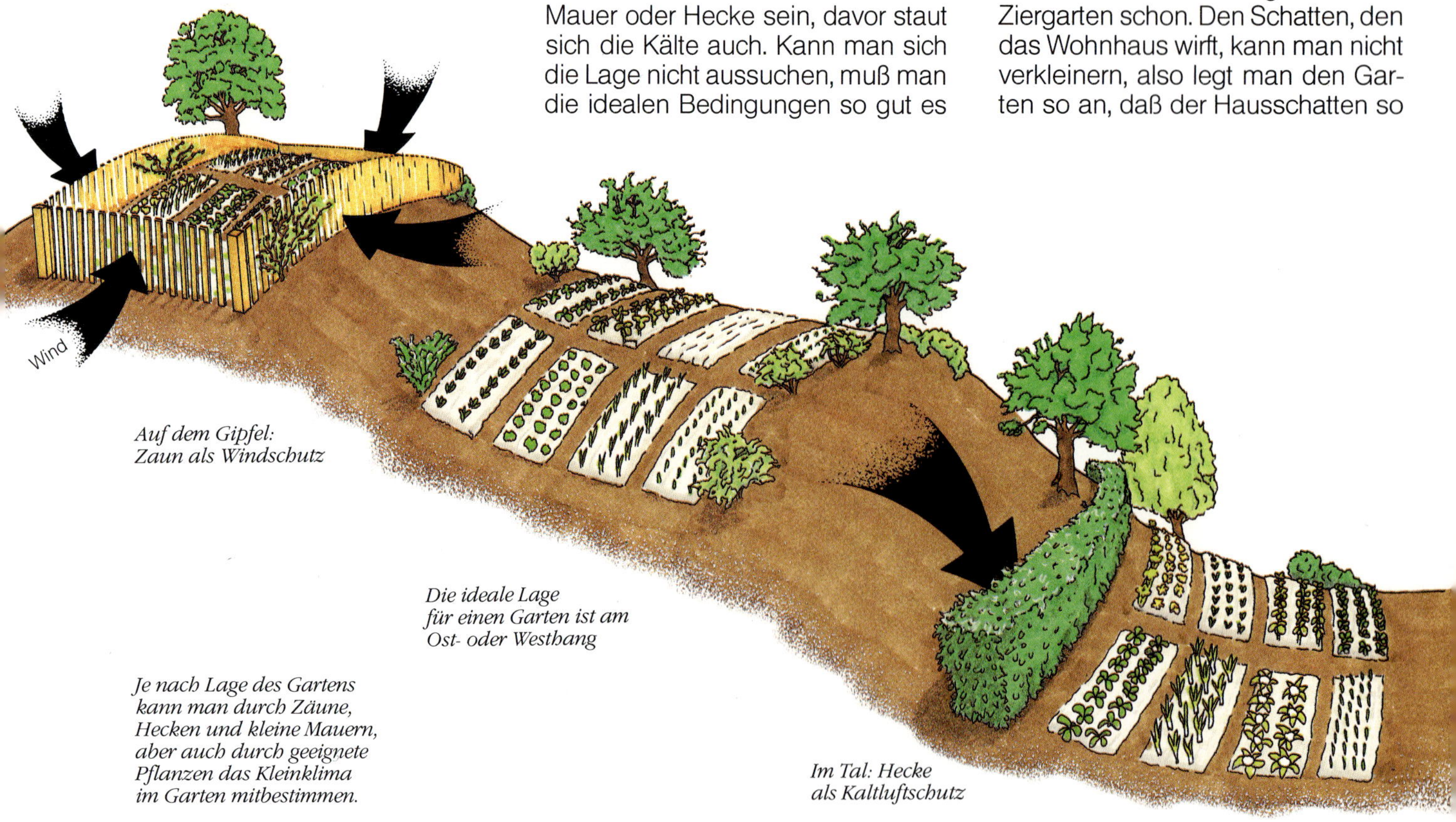

Auf dem Gipfel: Zaun als Windschutz

Die ideale Lage für einen Garten ist am Ost- oder Westhang

Je nach Lage des Gartens kann man durch Zäune, Hecken und kleine Mauern, aber auch durch geeignete Pflanzen das Kleinklima im Garten mitbestimmen.

Im Tal: Hecke als Kaltluftschutz

Niedrige Mauern aus Natursteinen sehen nicht nur hübsch aus. Sie halten kalte Winde vom Beet fern.

kurze Zeit wie möglich in den Gemüsegarten fällt.
Verlaufen Zaun, Hecke oder Gartenmauer von Ost nach West, ist ihr Schatten von 6 bis 18 Uhr (im Sommer) nicht breiter, als die Umzäunung hoch ist. Verläuft die Einfassung von Nord nach Süd, wird sie jeweils einen halben Tag lang auf jeder Seite einen längeren Schatten werfen. In diesem Fall ist ein Drahtzaun angebracht, weil er die Sonne durchscheinen läßt. Wenn das nicht geht, müssen Mauer oder Zaun niedrig sein (auch wegen der erwähnten kalten Luftwirbel dahinter).
Schatten entsteht im Garten nicht nur durch Haus und Baum. Ein Beet mit Stangenbohnen kann die Nachbarbeete ganz schön in den Schatten legen. Auch sehr hohe Pflanzen, wie z.B. Topinambur oder Himbeeren, werfen viel zu lange Schatten, als daß man sie mitten im Garten anpflanzen sollte. Solche hohen Kulturen gehören an den Nordrand des Gartens. Hier bekommen sie Sonne, nehmen sie aber den anderen Pflanzen nicht weg. Auch ein Kompostsilo kann das Beet dahinter so beschatten, daß nichts recht gedeiht.

Gemüse braucht warmen Boden

So wichtig wie das Licht ist die Wärme. Je wärmer der Boden ist, desto besser gedeihen die Pflanzen. Leichte Böden erwärmen sich rascher als schwere Böden, lockere Böden leiten die Wärme schlecht, die Luft darüber wird nachts kälter, Nachtfröste können schneller angreifen. Der Boden ist also auch wichtig für das Kleinklima des Gartens. Er speichert die Wärme ja nicht nur, er gibt sie auch wieder ab, wirkt selbst als Strahler.
Er kann natürlich immer nur soviel abstrahlen, wie er aufgenommen hat. Je mehr er abstrahlt, desto kühler wird der Boden. Hier kann der Gärtner eingreifen. Durch ständiges Mulchen bleibt das Bodenklima gleichmäßig, das heißt, die Erde heizt sich nicht so stark auf, aber sie kühlt auch in der Nacht längst nicht so schnell aus.
Pflanzen gedeihen ohnehin besser, wenn die Temperaturunterschiede zwischen Tag und Nacht nicht kraß sind – das ist besonders wichtig,

wenn die jungen Pflanzen heranwachsen.
Oft wird anstelle des Mulchens eine Untersaat empfohlen. Das ist aber nur im heißen Sommer sinnvoll. Im Frühjahr, wenn die Temperaturen noch nicht so hoch sind, bildet sich durch die Ausdünstungen der Unterpflanzung Verdunstungskälte, die den jungen Pflanzen schadet. Im heißen Sommer hingegen erwärmt sich die Verdunstungsfeuchtigkeit auf dem Beet, es entsteht ein sehr günstiges Kleinklima.
Gegen Frost kann der Gärtner nicht viel tun – aber er kann doch die Einwirkung von Spätfrösten mildern. Locker gehackter Boden hat ein oberflächliches Luftpolster, das die tagsüber gesammelte Wärme sehr schnell wieder abgibt. Dann wird das Luftpolster kalt, der Frost wirkt schneller auf die Pflanzen ein. Bedeckt man den Boden mit einer dicken Mulchschicht, wird das Luftpolster in dieser Mulchschicht und im Boden darunter nicht so schnell auskühlen.
Ungünstig sind Mauern, die einen Garten ringsum sozusagen luftdicht abschließen. Wo kein Luftaustausch durch leichte Windbewegung stattfindet, staut sich die Kälte sehr lange, der Boden kann sich nur verhältnismäßig langsam erwärmen.

Windwirbel und Hitzestau

Die Pflanzen im Garten sollten nicht starkem Wind ausgesetzt werden. Noch schlechter sind Windwirbel hinter Mauern, hohen, dichten Hecken und großen Bäumen mit dichten Kronen. Hier können gradezu unfruchtbare Inseln entstehen. Aber ein Luftaustausch im Garten ist wichtig, denn alle Pflanzen mögen frische, bewegte Luft. Ein Hitzestau ist aber ebenso schädlich wie der Kältestau. Durch Zersetzung von Pflanzenteilen und Wurzelatmung entsteht am Boden sogenanntes „bodenbürtiges Kohlendioxid", das in zu starker Anreicherung nicht erwünscht ist. Leichte Windbewegung trägt überschüssiges Kohlendioxid weg, das im Hitzestau schaden würde.
Durchlässige Hecken, halbhohe Blumenrabatten, Holz- oder Drahtzäune sind deshalb die beste Einfassung für einen Nutzgarten. Wo der Wind zu stark durch den Garten pfeift, trocknet die Erde aus. Es entsteht eine Verdunstungskälte, die für den Menschen gar nicht wahrnehmbar ist, Pflanzen aber ungünstig beeinflußt.
Wer seinen Garten nicht durch eine Einzäunung vor Wind schützen kann, sollte wenigstens die einzelnen Beete schützen – mit Einfassungen aus Blumen, Buchsbaum oder Beerenbüschen (die allerdings so stehen sollten, daß sie die Beete nicht beschatten).
Mischkulturen mit verschiedenen Ernteterminen schützen sich selbst vor zu starkem Wind. Die bereits herangewachsenen Pflanzen geben einen wirksamen Windschutz für die jungen Pflanzen ab. Der Einfluß des Windes spielt vor allem auch für Obstbäume eine große Rolle. Sie sollten immer so gepflanzt werden, daß sie dem Wind nicht direkt ausgesetzt sind. Wo es zu windig ist, halten sich die Bienen nicht auf, die Bestäubung ist mangelhaft.

Bodenfeuchtigkeit fördern

Alle Pflanzen beziehen die Nährstoffe aus dem Boden durch die Bodenfeuchtigkeit. Der Gartenboden darf daher niemals ganz austrocknen. Das erreicht man in erster Linie durch Gießen. Aber auch das Kleinklima kann die Bodenfeuchtigkeit beeinflussen. Dick gemulchte Böden trocknen nicht so schnell aus wie nackt daliegende Beete. Die Bodenfeuchtigkeit wird langsam an die Luft abgegeben, die Verdunstung des Bodenwassers und die Pflanzentranspiration schaffen auf den Beeten ein günstiges Kleinklima.
Durch die Bepflanzung der Beete mit Gartenfrüchten, die zu verschiedenen Terminen reif sind, wird praktisch das gleiche erreicht. Der Boden ist immer bedeckt und gibt die Feuchtigkeit nur langsam ab.
Bei dichter Mischkultur ist allerdings eine gute Durchlüftung der Beete wichtig: Sie sollten nach dem Regen oder nach dem Gießen von oben (mit einem Beregner) immer schnell abtrocknen können.
Oberstes Gebot deshalb, wenn schon von oben gegossen werden muß: Niemals am Abend, sondern immer in den frühen Morgenstunden gießen. Die Sonne trocknet die Pflanzen schnell ab, die Verdunstung aus dem Boden wird warm.

Hohe Pflanzen schützen das junge Gemüse vor kalten Winden. Aber Vorsicht! Die Großen dürfen die Kleinen nicht in den Schatten stellen.

Gesundes Gemüse durch Mischkultur

Kein Durcheinander, aber ein geplantes Miteinander ist im Gemüsegarten das Geheimnis des Erfolges. Denn auch bei Pflanzen gibt es gute Nachbarn und schlechte. Ergänzt wird das Prinzip der Mischkultur durch die Kulturfolge. Sobald eine von den frühen Gemüsearten geerntet wurde, folgt ihr eine neue.

Bunt sieht so ein Mischkultur-Beet aus. Auf diesem wachsen Möhren, Salat, Bohnen, Kartoffeln, Kohl sowie Beinwell und Kohlrabi.

Ist der Boden gesund und gut mit Nährstoffen versorgt, kann man ohne weiteres von einem Beet verschiedene Ernten haben. Es gehört natürlich etwas Tüftelei dazu herauszufinden, wie man die verschiedenen Gartenfrüchte richtig nacheinander und zusammen pflanzt. Der Boden darf ja nicht ausgelaugt werden, die Pflanzen sollen sich gegenseitig schützen und fördern.

Mischkultur

Das Nebeneinander verschiedener Gemüsearten auf einem Beet ist keineswegs eine Erfindung neuzeitlicher Bio-Garten-Freaks, sondern die natürlichste Sache der Welt. Denn überall auf diesem Erdball wachsen Pflanzen in einer bestimmten Gemeinschaft. Die Natur kennt keine Monokulturen.

Das Prinzip dieser Lebensgemeinschaften, zu denen in der freien Natur auch die Tiere gehören, machen sich die Gärtner zunutze. Es gibt Pflanzen, die sich vertragen und solche, die nicht miteinander auskommen. Das liegt an den Stoffen, die von den Pflanzen in den Boden oder in die Luft abgegeben werden.

Das Funktionieren dieser Gemeinschaft hängt außerdem von den Vegetationszeiten der Pflanzen ab: Die einen blühen im Frühling, die anderen im Sommer, und die Früchte reifen zu unterschiedlichen Jahreszeiten. In der freien Natur haben sich diese Lebensgemeinschaften ganz allmählich entwickelt, im Garten bestimmt der Gärtner das Nebeneinander.

Mischkultur im Gemüsegarten ist das Ergebnis jahrzehntelanger Erfahrungen und Beobachtungen. Es kommt auf das harmonische Miteinander oberhalb und unterhalb der Erde an:

- Frühreife Früchte wachsen neben Spätentwicklern;
- tiefgreifende Wurzeln schätzen flachwachsende Nachbarn;
- buschige Pflanzen mit breiten Blättern fühlen sich in Gesellschaft schlanker, hoher Gewächse besonders wohl.

Die dichte Bepflanzung erfordert allerdings reichlich Kompost und etwas biologischen Dünger. Besonders hungrige Gemüsepflanzen freuen sich über Brennesseljauche. Dem Boden zuliebe kann man gegen Ende der Saison auf freigewordenen Reihen Gründüngung einsäen. Die dichte Bepflanzung erspart dem Gärtner aber auch Arbeit – man muß entschieden weniger hacken, gießen und mulchen.

Die richtigen Gemüse-Nachbarn fördern sich nicht nur gegenseitig in Wuchs und Geschmack, sie halten sich auch die Schädlinge vom Leibe. Das immer wieder zitierte Paradebeispiel sind Möhren und Zwiebeln: Möhrenfliegen können Zwiebeln nicht riechen, Zwiebelfliegen nehmen bei Möhrengeruch Reißaus.

Kulturfolge

Ganz abgesehen von der optimalen Mischung ist auch das richtige Nacheinander von Bedeutung für eine gute Ernte.

Gute Nachbarn – schlechte Nachbarn

Gemüsearten	Sie vertragen sich mit:	Sie schaden:
Bohnen	Gurken, Kohlarten, Kohlrabi, Kopfsalat, Pflücksalat, Rettich, Sellerie, Tomaten, Spinat, Kartoffeln, Erdbeeren	Erbsen, Fenchel, Lauch, Zwiebeln, Knoblauch
Endivien, Chicorée, Radicchio, Zuckerhut	Kohlarten, Lauch, Stangenbohnen, Fenchel, Tomaten, Möhren, Gurken	
Erbsen	Kohlarten, Kohlrabi, Kopfsalat, Radieschen, Rettich, Möhren, Fenchel, Dill, Mais, Gurken, Zucchini	Bohnen, Lauch, Zwiebeln, Knoblauch, Tomaten, Kartoffeln
Erdbeeren	Knoblauch, Kopfsalat, Zwiebeln, Lauch, Radieschen, Rettich, Spinat, Buschbohnen, Stangenbohnen, Borretsch, Fenchel, Kapuzinerkresse	Kohlarten
Fenchel	Gurken, Feldsalat, Zichorien, Erdbeeren, Kopfsalat, Pflücksalat, Erbsen, Salbei	Tomaten, Bohnen
Gurken	Dill, Bohnen, Erbsen, Kohl, Kopfsalat, Rote Bete, Sellerie, Lauch, Knoblauch, Zwiebeln, Kümmel, Koriander, Kapuzinerkresse, Fenchel	Tomaten, Kartoffeln, Rettich
Kartoffeln	Stangenbohnen, Kohlrabi, Spinat, Knoblauch, Meerrettich, Mais, Kapuzinerkresse, Pfefferminze, Kümmel, Dill	Kohlarten, Rote Bete, Sellerie, Tomaten, Erbsen, Gurken
Knoblauch	Erdbeeren, Tomaten, Rote Bete, Möhren, Gurken	Stangenbohnen, Kohlarten, Erbsen
Kohlrabi	Erbsen, Kartoffeln, Rettich, Radieschen, Rote Bete, Spinat, Sellerie, Kopfsalat, Bohnen, Lauch, Schwarzwurzeln	
Kohl (alle Arten)	Rote Bete, Sellerie, Spinat, Tomaten, Kopfsalat, Pflücksalat, Lauch, Erbsen, Dill, Pfefferminze, Kümmel, Endivien, Mangold, Rettich, Gurken	Zwiebeln, Knoblauch, Erdbeeren, Senf, Kartoffeln
Kopfsalat und andere	Rettich, Kresse, Möhren, Gurken, Zwiebeln, Zichorien, Bohnen, Tomaten, Rote Bete, Schwarzwurzeln, Lauch, Kohlarten, Kohlrabi, Fenchel, Erbsen, Erdbeeren, Kerbel, Mais, Dill, Pfefferminze	Sellerie, Petersilie
Lauch	Zwiebeln, Sellerie, Möhren, Tomaten, Zichoriensalate, Erdbeeren, Schwarzwurzeln, Gurken	Bohnen, Rote Bete, Erbsen, Dill
Mais	Kartoffeln, Tomaten, Zucchini, Kopfsalat, Gurken, Bohnen	Sellerie, Rote Bete
Mangold	Radieschen, Rettich, Kohlarten, Möhren	
Möhren	Zwiebeln, Tomaten, Rettich, Radieschen, Zichoriensalat, Knoblauch, Mangold, Lauch, Erbsen, Schwarzwurzeln, Dill, Schnittsalat, Rosmarin, Salbei, Schnittlauch, Sellerie	
Rettich/ Radieschen	Salat, Tomaten, Bohnen, Kohlrabi, Kohlarten, Möhren, Spinat, Mangold, Erbsen, Kapuzinerkresse, Kresse	Gurken
Rote Bete	Zwiebeln, Kohlarten, Kohlrabi, Pflücksalat, Knoblauch, Gurken, Dill, Kümmel, Tomaten	Stangenbohnen, Spinat, Lauch, Kartoffeln, Mais
Schwarzwurzeln	Kohlrabi, Pflücksalat, Kopfsalat, Lauch, Sellerie, Möhren, Kohl, Spinat, Zwiebeln, Bohnen	
Sellerie	Buschbohnen, Tomaten, Lauch, Möhren, Schwarzwurzeln, Zwiebeln, Kohl, Gurken	Salat, Kartoffeln, Mais
Spinat	Erdbeeren, Stangenbohnen, Kartoffeln, Radieschen, Rettich, Kohlarten, Kohlrabi, Tomaten, Salat	
Tomaten	Möhren, Spinat, Rettich, Radieschen, Rote Bete, Zichoriensalat, Kopfsalat, Pflücksalat, Lauch, Kohlrabi, Kohlarten, Knoblauch, Sellerie, Mais, Kapuzinerkresse	Gurken, Fenchel, Erbsen, Kartoffeln
Zucchini	Zwiebeln, Stangenbohnen, Mais, Kapuzinerkresse, Erbsen	
Zwiebeln	Möhren, Rote Bete, Gurken, Erdbeeren, Rettich, Zichoriensalat, Kopfsalat, Dill, Kamille, Bohnenkraut	Bohnen, Erbsen, Kohlarten

Die Vorkultur muß etwas Frost vertragen und sollte relativ schnell erntereif sein. Geeignet sind: Spinat, Radieschen, Schnitt- und Pflücksalat, Kresse, Kopfsalat, Kohlrabi, Kartoffeln.
Hauptkulturen sind alle langsam wachsenden Gemüse wie Kohl, Sellerie, Zwiebeln, Bohnen, Rote Bete, Mangold, Chicoree, Möhren, Tomaten, Gurken usw. Diese Hauptkultur kann durchaus mit Pflanzen gemischt werden, die schneller heranwachsen, z.B. Kopfsalat, Sommermeerrettich und Kohlrabi.
Die Nachkultur kommt auf die Beete, wenn die Hauptkultur abgeerntet ist. Sie sollte ebenfalls etwas Frost vertragen und bis in den Dezember Ernten bringen, je nach Art sogar den ganzen Winter über. Typische Nachkulturen sind Lauch, Rosenkohl, Grünkohl, Ackersalat, Endivien, Zuckerhut, Radicchio, Spinat und Maizwiebeln.

Für Mischkultur-Neulinge ist der Anfang oft ein wenig schwierig. Zu verwirrend sind die vielen Informationen. Deshalb hier zehn Vorschläge, die den Start in das geplante Durcheinander erleichtern sollen (Erste Anpflanzung = rot).

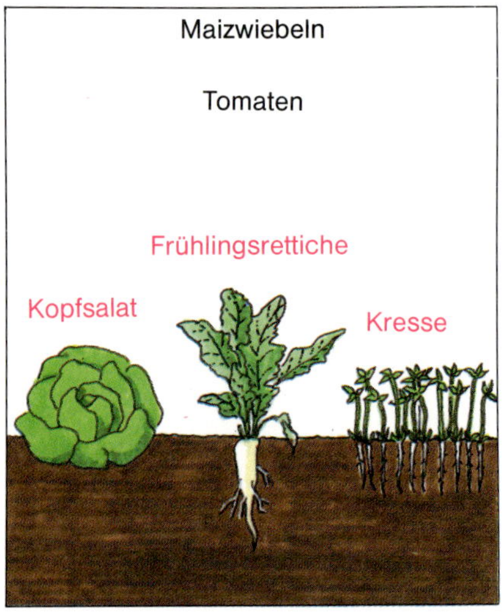

Kopfsalat, Frühlingsrettich und Kresse werden als erstes gesät und gepflanzt. Nach der Ernte von Kresse und Rettichen kommen Tomaten auf das Beet. Der Kopfsalat wird erntereif, solange die Tomaten noch heranwachsen. Sind die Tomaten „fertig" und aus dem Boden genommen, setzt man Maizwiebeln, die man erst allerdings im nächsten Frühjahr erntet.

Davon werden vier Personen satt

Erfahrungswerte besagen, daß man zwischen 100 und 250 m² Gartenland braucht, je nach Lage, Bodenqualität und Klima, um eine vierköpfige Familie rund ums Jahr mit Vitaminen zu versorgen. Verwenden Sie bevorzugt Saatgut, das sich in Ihrer Gegend als besonders geeignet erwiesen hat.

Gemüse	Anzahl	Ertrag
Gurken	20 Pflanzen	ca. 20 kg
Tomaten	10 Pflanzen	ca. 40 kg
Buschbohnen	4 Reihen à 5 m	ca. 10 kg
Erbsen	2 Reihen à 5 m	ca. 8 kg
Stangenbohnen	15 Pflanzen	ca. 50 kg
Rotkohl	30 Pflanzen	ca. 40 kg
Weißkohl	30 Pflanzen	ca. 40 kg
Rosenkohl	20 Pflanzen	ca. 15 kg
Grünkohl	20 Pflanzen	ca. 20 kg
Wirsing	15 Pflanzen	ca. 12 kg
Kohlrabi	100 Pflanzen	ca. 15 kg
Spinat	5 Reihen à 5 m	ca. 6 kg
Mangold	5 Reihen à 5 m	ca. 10 kg
Sellerie	30 Pflanzen	ca. 10 kg
Lauch	150 Pflanzen	ca. 20 kg
Möhren	4 Reihen à 5 m	ca. 20 kg
Rettiche	4 Reihen à 5 m	ca. 35 kg
Rote Bete	4 Reihen à 5 m	ca. 20 kg
Zwiebeln	4 Reihen à 5 m	ca. 10 kg

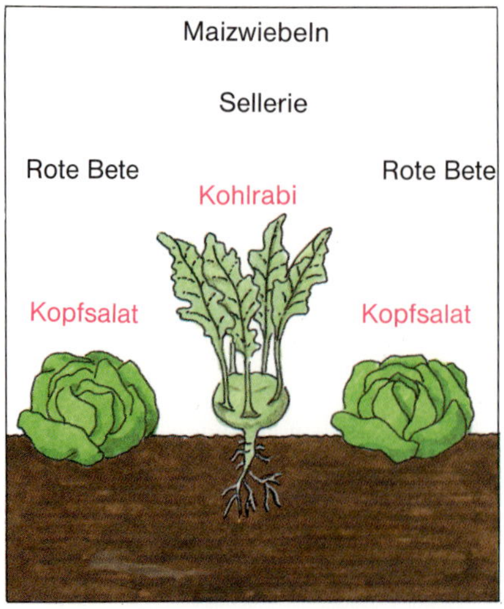

Kohlrabi und Kopfsalat werden in Reihen gesetzt. Nach der Ernte des Kopfsalates werden Rote Bete gesät oder gesetzt. Sind die Kohlrabi geerntet, pflanzt man an ihre Stelle Sellerie. Zwischen Sellerie und Rote Bete kann man im Herbst dann ohne weiteres Maizwiebeln setzen.

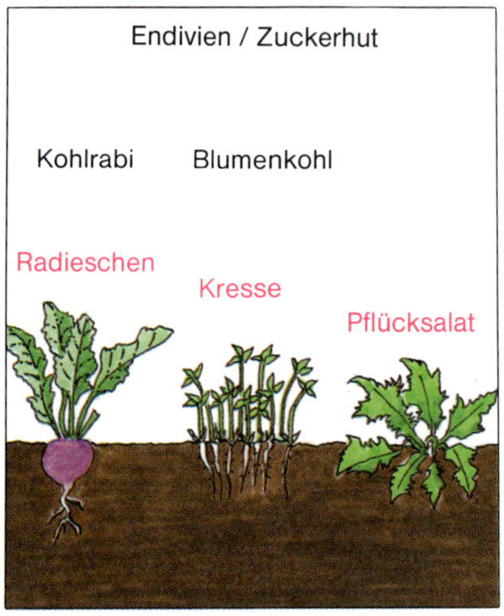

Radieschen, Kresse und Pflücksalat werden abwechselnd in Reihen gesät. Nach der Ernte von Radieschen und Kresse kommen an ihre Stelle Gemüse mit längerer Kulturzeit, zum Beispiel Kohlrabi und Blumenkohl, wenige Wochen vor der Ernte des Kohls folgen Endivien, Zuckerhut oder ein anderer vitaminreicher Wintersalat.

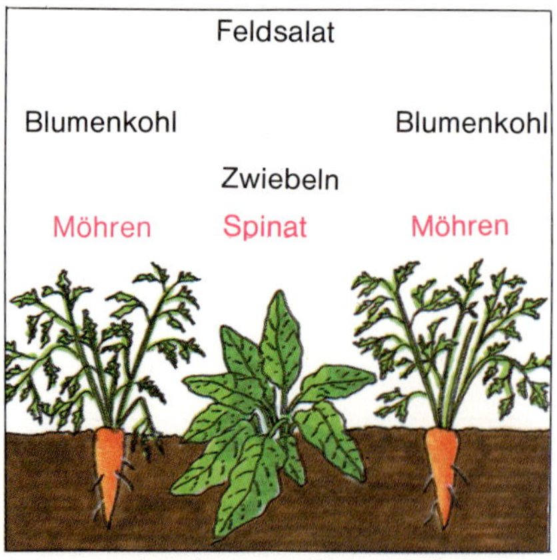

Spinat und Möhren werden in Reihen gesät. Nach der Spinaternte kommen an seine Stelle Zwiebeln. Sind die Möhren geerntet, folgt ihnen Blumenkohl. Das Beet muß zuvor noch einmal gedüngt werden, weil der Kohl sehr hungrig ist. Als Nachfrucht eignet sich Feldsalat.

Chicorée, der ja eine sehr lange Kulturdauer hat, wird in Reihen gesät, dazwischen setzt man im Mai Knollenfenchel. Der Fenchel ist erntereif, wenn sich der Chicorée richtig breitmacht. Er wird erst im Oktober ausgegraben.

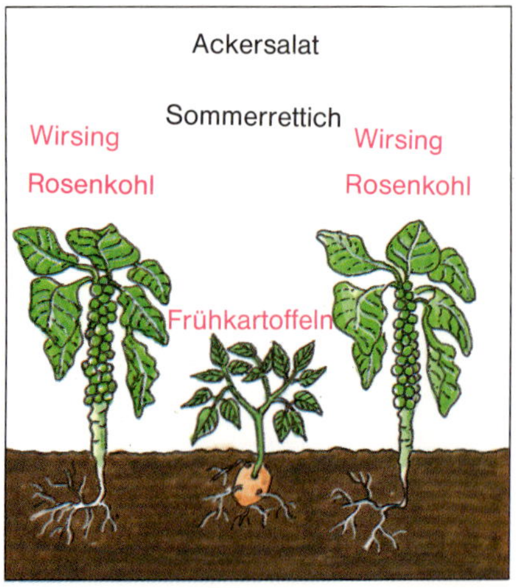

Frühkartoffeln werden als erste Kultur gepflanzt, ab Juni kommen dazwischen Rosenkohl oder Winterwirsing. Nach der Kartoffelernte fängt der Kohl an zu wachsen. Da aber noch Platz dazwischen ist, füllt man diesen mit Sommerrettich, später wird Ackersalat gesät.

Pflück- oder Schnittsalat wird in Reihen gesät, dazwischen setzt man Ende Mai Buschbohnen. Ist der Pflücksalat abgeerntet, setzt man zwischen die Bohnen Weiß- oder Rotkohl, der sich richtig ausbreitet, wenn die Bohnen geerntet sind. Er profitiert außerdem von dem Stickstoff, den die Bohnen im Boden gesammelt haben.

Als Vorkultur wird Spinat gesät, Ende April setzt man zwischen die Reihen Kohlrabi. Ist der Spinat geerntet, kommt an seine Stelle Sommerlauch. Sind die Kohlrabi geerntet, pflanzt man an ihre Stelle Grünkohl oder Rosenkohl, dazwischen Kopfsalat. Der Kopfsalat ist ernte-reif, wenn die Kohlpflanzen in die Breite gehen.

Kopfsalat und Knoblauch werden in Reihen gesetzt, dazwischen Frühkartoffeln. Die Frühkartoffeln breiten sich erst aus, wenn der Salat geerntet ist, der Knoblauch fördert sie. Nach der Kartoffelernte kommen verschiedene Zichoriensalate auf das Beet.

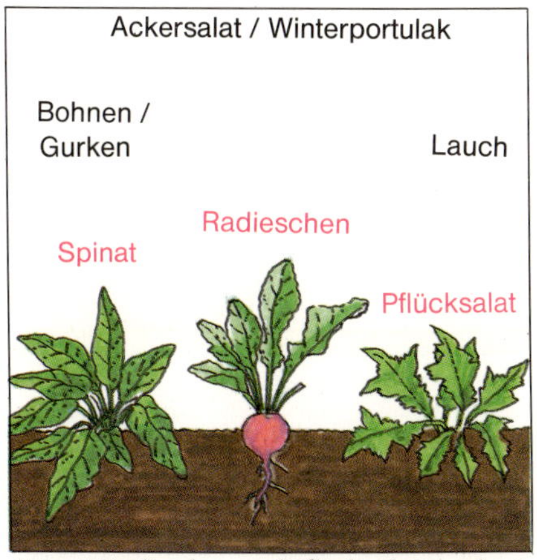

Spinat, Radieschen und Pflücksalat werden in Reihen gesät. Sind Spinat und Radieschen geerntet, kommen an ihre Stelle Bohnen oder Gurken. Ist der Salat geerntet, kommt Lauch zwischen die Bohnen/Gurken, der erst richtig zu wachsen beginnt, wenn die Bohnen/Gurken geerntet sind. Unter den Lauch sät man nach der Ernte Ackersalat oder Winterportulak.

Damit der Boden nicht müde wird

Jede Pflanze stellt andere Ansprüche an den Boden. Die Landwirte früherer Zeiten trugen dem Rechnung, indem sie ihr Land nach dem Plan der Drei-Felder-Wirtschaft bestellten, dem Fruchtwechsel.

Düngung ergänzt verbrauchte Nährstoffe – Bodenpflege in Form von Lockerung und Belüftung aktiviert das Bodenleben – mit Fruchtwechsel vermeiden wir die einseitige Beanspruchung des Bodens.
Entsprechend ihrem Bedarf können wir unsere Gemüsepflanzen in Stark-, Mittel- und Schwachzehrer unterteilen. Nach dieser Unterteilung richten wir uns, wenn wir einen Fruchtwechselplan aufstellen.
Gemüsepflanzen mit viel Blattmasse verbrauchen z.B. mehr Stickstoff als Wurzelgemüse, das zum Wachstum einen größeren Phosphorbedarf hat. Hülsenfrüchte wie Erbsen und Bohnen haben die gute Eigenschaft, den Boden sogar mit Stickstoff anzureichern; und manche Kräuter und Blumen fördern die Regenerationskräfte des Bodens. Fruchtwechsel ist auch ein Mittel, der Verbreitung pflanzenspezifischer Krankheiten entgegenzuwirken (z.B. Kohlhernie).
Es gibt zwei gebräuchliche Varianten des Fruchtwechsels: im Dreijahresrhythmus und im Vierjahresrhythmus. Für den dreijährigen Fruchtwechsel teilen Sie Ihren Garten in drei Zonen ein. Bepflanzen Sie dann die Flächen entsprechend der Einteilung mit Stark-, Mittel- und Schwachzehrern. Beim Anbau in Mischkutur wird der jeweiligen Pflanzengruppe Vorrang eingeräumt.
Starkzehrer sind: Blumenkohl, Brokkoli, Gurken, Kohlrabi, Rotkohl, Sellerie, Weißkohl, Wirsing. Sie gedeihen am besten auf nährstoffreichem Boden. Die Düngung erfolgt ca. fünf Wochen vor der Aussaat oder der Pflanzung (Gründüngung). Auch während des Wachstums wird möglichst in regelmäßigen Abständen nachgedüngt (Kopfdüngung).
Mittelzehrer sind: Endiviensalat, Kopfsalate, Rote Bete, Knoblauch, Porree, Mangold, Möhren, Radieschen, Rettich, Rosenkohl, Spinat, Tomaten, Zuckermais, Zwiebeln.
Gute Gründüngung vier Wochen vor Aussaat oder Pflanzung ist für diese Pflanzengruppe meist ausreichend. Stickstoff wurde außerdem im Jahr zuvor von den Schwachzehrern Erbsen und Bohnen (Leguminosen) im Boden angesammelt.
Schwachzehrer sind: Feldsalat, Pastinaken, Kräuter, Buschbohnen, Stangenbohnen, Puffbohnen und Erbsen.
Diese Pflanzen sind genügsamer. Es reicht, sie mit kleinen Kompostgaben zu versehen, um befriedigende Ernten zu erhalten.
Wenn Sie genügend Platz haben, können Sie Ihren Garten in vier Zonen aufteilen und in jedem Jahr des jetzt vierjährigen Wechsels eine Zone mit Gründünger bepflanzen. Sie ermöglichen so dem Brachland eine längere Regenerationsphase.
Gründüngerpflanzen: z.B. Phacelia (Bienenfreund), Ölrettich, Gelbsenf, Spinat, Klee, Wicken.

Dreijahresrhythmus

	1. Jahr	2. Jahr	3. Jahr
Pflanz-zone A	Stark-zehrer	Mittel-zehrer	Schwach-zehrer
Pflanz-zone B	Mittel-zehrer	Schwach-zehrer	Stark-zehrer
Pflanz-zone C	Schwach-zehrer	Stark-zehrer	Mittel-zehrer

Vierjahresrhythmus

	1. Jahr	2. Jahr	3. Jahr	4. Jahr
Pflanzzone A	Starkzehrer	Mittelzehrer	Schwachzehrer	Gründüngung
Pflanzzone B	Mittelzehrer	Schwachzehrer	Gründüngung	Starkzehrer
Pflanzzone C	Schwachzehrer	Gründüngung	Starkzehrer	Mittelzehrer
Pflanzzone D	Gründüngung	Starkzehrer	Mittelzehrer	Schwachzehrer

Wer richtig sät, der wird reich ernten

Viele Dinge müssen bei der Aussaat beachtet werden. Und jeder sollte bei diesen Arbeiten sehr gewissenhaft sein. Denn man legt ja buchstäblich den Keim des Erfolges in den Boden. Fehler zeigen sich erst später.

Beete, auf denen im Frühjahr gesät werden soll, müssen bereits im Herbst gut gelockert werden, damit sich das Saatbeet wieder setzt. In der sich absetzenden Erde entsteht dabei in feines Kapillarsystem, durch das Feuchtigkeit, die sich während des Winters in der festen Erdschicht darunter gesammelt hat, nach oben steigen kann. Aber: Ist die Erde zu tief gelockert, bleibt die oberste Schicht, in der später die Samen liegen, trokken, die Samen keimen schlecht.

Mist und halbverrotteter Kompost müssen auch bereits im Herbst eingearbeitet werden, reifen Kompost bringt man im Frühjahr spätestens vier Wochen vor der Aussaat auf die Beete. Kräftige Düngung würde die Samen zerstören. Die Pflanzen brauchen erst Zusatznahrung, wenn sich Wurzeln gebildet haben. Wenige Tage vor der Aussaat lockert man die obere Erdschicht nicht tiefer als zwei bis drei Zentimeter.

Diese lockere Oberschicht enthält den für die Samen wichtigen Sauerstoff. Deshalb ist auch die richtige Saattiefe von großer Bedeutung. Zu tief gelegte Samen keimen nicht – sie ersticken. Faustregel: Die Erdschicht, mit der man die Samen bedeckt, darf maximal dreimal so dick sein wie der Samen groß ist. Bei länglichen Samen zählt die Dicke, nicht die Länge.

Selbst wenn man bisher alles richtig gemacht hat, schlagen oft starke Regenfälle den Boden so stark zusammen, daß kein Sauerstoff mehr in die Erde eindringen kann und die Samen verfaulen. Vor dieser Gefahr kann man sich mit einem Mulchvlies oder einer Schlitzfolie schützen.

Ebenso wichtig wie Erde und Sauerstoff ist für das Keimen der Samen die rechte Menge Feuchtigkeit. Denn erst wenn die Samen naß werden, beginnen sie zu keimen. Direkt nach der Aussaat muß man einmal gründlich gießen, aber mit sehr weichem Sprühnebel, damit die Samen nicht freigespült werden.

Das gründliche Wässern hat zwei Gründe: Das Wasser muß durch die Erde bis zu den Samen vordringen, damit sie zu quellen beginnen. Es muß aber auch das Ende der obersten gelockerten Erdschicht erreichen, damit die Keimlinge dann später an das Kapillarsystem angeschlossen sind. Der feuchte Zustand muß konstant erhalten bleiben. Wenn das Erdreich mit den zarten Keimlingen, die ja an der Oberfläche noch nicht zu sehen sind, auch nur einen Tag lang austrocknet, können alle Samen eingehen. Man muß also mit viel Fingerspitzengefühl gießen. Aber nicht alle Samen brauchen gleich viel Feuchtigkeit. Bohnen, Petersilie, Möhren und Pastinake zum Beispiel nur halb so viel wie andere Gemüsearten.

Auch bei der Freilandaussaat kommt es auf die Bodentemperatur an. Wenn nach den letzten Bodenfrösten im Mai wieder die Sonne scheint, sollte man mindestens noch eine Woche mit der Aussaat warten. So lange dauert es nämlich, bis sich die Erdoberfläche erwärmt hat.

Hat der Boden die richtige Temperatur und sind die Beete hergerichtet, zieht man Saatrillen in der richtigen

Säen mit Tapetenkleister

Vorgekeimte Samen mit Tapetenkleister vermischt und dann erst als dickflüssige Masse in die Saatrillen gefüllt, lassen die Saat erheblich früher aufgehen. Das ist vor allem bei langsam keimenden Gemüsesorten von Vorteil. Der Kleister dient dabei dem Schutz der empfindlichen Keime.

Zuerst streut man die Samen auf angefeuchtetes Papier (Serviette) und stellt die Schale an einen warmen Ort – ca. 20 Grad. Haben die kleinen Wurzeln eine Länge von etwa 2 mm, werden die vorgekeimten Samen ganz vorsichtig von dem Papier in ein Sieb gespült.

Nun rührt man Tapetenkleister (ohne Fungizide = pilztötende Mittel) an und schüttet die Samen aus dem Sieb hinein. Vorsichtig verrühren, bis die Samen gleichmäßig verteilt sind. Die Kleistermasse füllt man nun in eine Plastiktüte und schneidet eine Ecke ab. Das Loch darf nicht zu groß sein. In die vorbereitete Saatrille preßt man nun diese dickflüssige Masse, deckt sie mit Erde zu und behandelt das Beet wie üblich.

Richtig: Hier stimmen Erde und Saattiefe.

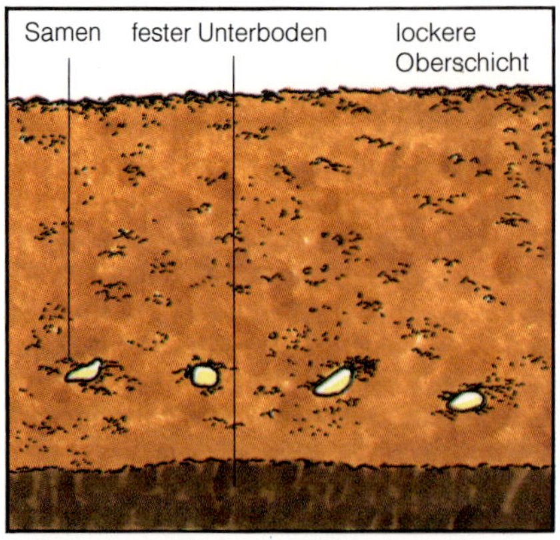

Falsch: Samen liegen zu tief in der Erde.

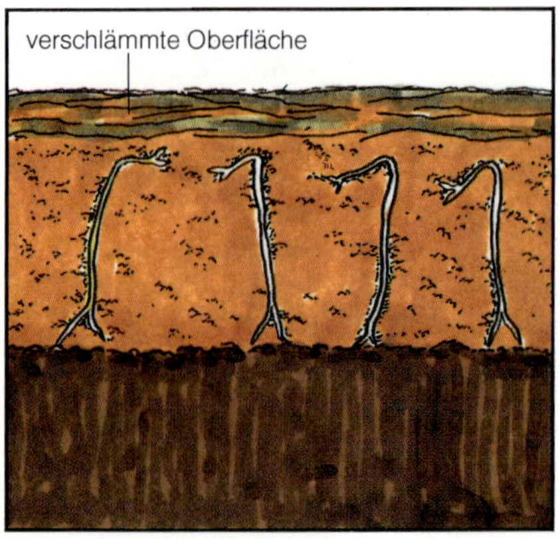

Falsch: Die obere Erdschicht ist zu hart.

Tiefe und im richtigen Abstand, der ebenfalls auf den Samentüten angegeben ist, und legt die Samen hinein. Dann wird Erde über die Samen gestreut und mit dem Rücken einer Harke leicht angedrückt. Säen Sie nicht zu dicht – die Pflanzen können sich dann nicht richtig entwickeln. Zu dicht gesäte Reihen müssen vereinzelt werden, das heißt: alle schwach entwickelten Pflänzchen herauszupfen und nur die kräftigsten stehen lassen.

Wer sich diese Arbeit ersparen will, verwendet Pillensaat oder Saatbänder. Pilliertes Saatgut bedeutet, jedes Korn ist mit einer löslichen Hülle umgeben, die es größer macht. Denn die Samen sind oft unwahrscheinlich fein. Durch diese künstliche Vergrößerung kann man beim Säen besser dosieren. Feinen Samen kann man auch mit Sand mischen und dann erst aussäen.

Noch einfacher ist es, Saatbänder zu verwenden. Die aufgerollten Bänder, in denen bereits im richtigen Abstand die Samenkörner stecken, werden auf die Länge des Beetes zugeschnitten, in die Rille gelegt und angegossen, bevor die Erde darüber kommt. Das Band verrottet mit der Zeit im Boden. Nach dem gleichen Prinzip werden auch Saatteppiche hergestellt.

Saatbäder schützen viele Samen vor Krankheiten und verkürzen die oft recht lange Keimzeit. Zum Trocknen werden die Samen in ein Tuch gewickelt.

Ein Bad für die Saat

Viele Saatguthersteller bieten gebeizte Samen an, die durch eine Spezialbehandlung weniger anfällig für Krankheiten sind und schneller keimen. Saatbäder kann man sich jedoch auch leicht aus biologischen Mitteln selber herstellen. Besonders gut dafür geeignet sind Baldrianblütenextrakt, Eichenrinde, Kamille, Hornmistpräparate und Wasserglas (Natriumsilikat). Man bekommt diese Präparate im biologischen Landhandel, Kamille und Eichenrinde gibt's in jeder Drogerie. Hornmist und Eichenrinde werden genau nach der Gebrauchsanweisung angerührt, Wasserglas vor dem Ansetzen verdünnen. Kamillenblüten und Eichenrinde rührt man in weichem Wasser (Regenwasser) an, und zwar 1 Teelöffel pro Liter.

Beide Pflanzenaufgüsse läßt man zwei Tage zugedeckt stehen, bevor man die Samen darin „badet". Entweder steckt man die Samen in ein kleines (dichtes) Mullsäckchen und hängt es in die Flüssigkeit oder man gibt die Samen auf einen Blumenuntersatz, gießt die Flüssigkeit darüber und breitet die Samen nach dem Bad zum Trocknen auf Küchenpapier aus oder wickelt sie in ein Tuch. Die so vorbehandelten Samen sollten noch am gleichen Tag in die Erde.

Das sind die richtigen Bäder für die einzelnen Gemüsesorten:

Kamille: alle Kohlarten, Rettich, Bohnen, Erbsen und Radieschen.

Eichenrinde: alle Salate und auch Buschbohnen.

Baldrian: Möhren (sie keimen dann viel schneller), Chicorée, Tomaten, Paprika, Kürbis, Gurken, Zwiebeln, Lauch.

Wasserglas: Sellerie

Hornmist: Spinat, Mangold, Rote Bete.

Die Dauer der Bäder: Bohnen 15 Minuten, Kohl 30 Minuten, Erbsen 2 Stunden (und danach 24 Stunden in feuchtem Papier oder Stoff einrollen). Alle anderen Samen 1 Stunde.

Gemüseart	Keimfähigkeit in Jahren	Keimdauer in Tagen
Kopfkohl	4–5	5 – 8
Blumenkohl	4–5	5 – 8
Kohlrabi	4–5	5 – 8
Rosenkohl	4–5	7
Rettich	4–5	4 – 6
Radies	4–5	4 – 6
Erbsen	3	6 –10
Buschbohnen	3	6 –10
Puffbohnen	4	15–30
Möhren	3	14–20
Pastinake	3	14–20
Sellerie	3	14–20
Petersilie	2	10–14
Salat	4	6 –10
Schwarzwurzeln	1	10–14
Chicorée	4	10–15
Spinat	4	8 –12
Rote Bete	4	5 – 8
Zwiebeln	2	12–15
Porree	2	12–15
Schnittlauch	2	14–10
Gurken	5	6 – 7
Tomaten	3	8 –15
Feldsalat	3	10–12
Mais	4	5 –10

Markiersaat

Wo langsam keimende Saaten im Boden liegen, weiß der Gärtner oft nicht, ob das winzige Grün nun das ersehnte Keimblatt einer Möhre ist oder ein Wildkraut, das man herauszupfen soll. Man erleichtert sich die Entscheidung, wenn man dem Saatgut ein paar schnellkeimende Radieschensamen beimischt oder in Abständen von 30 cm eine Zwiebel in die Saatrille steckt. Zum Markieren eignen sich auch Salat und Spinat. All diese Samen gehen schnell auf und zeigen an, wo die Saatrille verläuft. Was rechts und links daneben wächst, darf ohne Bedenken gezupft werden.

Aus dem Garten auf den Tisch

Das frische Gemüse vom eigenen Beet schmeckt ganz einfach besser! Ob das nun stimmt, sei dahingestellt. Eines weiß man jedoch mit Sicherheit: Der eigene Salat ist weder mit Superdünger gedopt noch mit unbekömmlichen Substanzen gespritzt.

Sauer eingelegt oder zu Saft verarbeitet schmecken die überaus gesunden Roten Bete am besten.

Der Erfolg im Gemüsegarten hängt zu einem großen Teil von der Sortenwahl ab. Im Frühling gesäter Wintersalat wird nie zur vollen Zufriedenheit wachsen. Und nach der Sorte richten sich auch weitgehend der Saat- und Pflanztermin. Ein anderes Kriterium ist das Wärmebedürfnis. Einige Gemüse brauchen einfach Sonne, damit etwas aus ihnen wird. Auf den Samentüten findet man die entsprechenden Angaben.

Gesunder, humus- und nährstoffreicher Boden ist die beste Grundlage. Einige Gemüse haben Sonderwünsche, und wer sie nicht wenigstens zum Teil erfüllen kann, sollte auf diese Arten verzichten. Die regelmäßige Pflege heißt lockern, gießen und eventuell ein wenig düngen. Wer darauf achtet, daß der Boden ständig bedeckt ist mit Mulchmaterial oder von den Pflanzen selbst, wird wenig Sorgen mit Wildkräutern haben.

Welche Gemüseart im Garten wachsen soll, bestimmt in erster Linie der Geschmack. Man sollte jedoch bei kleinen Flächen die Kulturzeit der einzelnen Gemüse beachten. Es wäre doch schade, wenn das Gemüsebeet für 200 Tage von nur zwei bis drei Gemüsearten besetzt wäre.

Wurzel- und Knollengemüse

Es ist naheliegend, daß es bei Wurzelgemüse ganz besonders auf einen lockeren Boden ankommt. Müssen sich die Wurzeln mühsam durch harte Erde schieben, werden sie krumm und schief.

Möhren brauchen unbedingt einen sonnigen Platz, wenn möglich eher leichten Boden mit hohem Humusgehalt und gut wasserdurchlässig. Wer gleich dünn sät, muß später nicht vereinzeln. Bereits im Herbst sollte man den Boden mit halbreifem Kompost verbessern. Sehr fein gesiebter Kompost zusätzlich in den Saatrillen hilft den Möhren über die ersten Wochen. Das ganze Beet ein wenig mit Algenkalk oder Gesteinsmehl bestäuben. Während der Kulturzeit düngt man mit Brennesseljauche.

<u>Vorkultur:</u> Erbsen, Kohlrabi.

<u>Nachkultur:</u> Blumenkohl, Endivien, Kohlrabi, späte Kohlsorten.

<u>Mischkultur:</u> Hülsenfrüchte, Dill, Mangold, Porree, Chicorée, Knoblauch, Schnittsalat, Salbei, Sellerie, Rettich, Zwiebeln, Tomaten.

<u>Kulturdauer:</u> Sommermöhren 80 bis 100 Tage, Wintermöhren 150 Tage.

Rettich und Radieschen: Eine gute Kompostdüngung reicht aus. Der Boden muß aber genügend Feuchtigkeit enthalten. Die Samenkörner lassen sich leicht gleich im richtigen Abstand in die Saatrillen legen. Der Boden sollte nicht frisch gekalkt und wenigstens ein Jahr lang nicht mit frischem Mist gedüngt sein. Die herzhaft-knackigen Wurzeln gedeihen besser, wenn es nicht zu heiß ist.

<u>Vorkultur:</u> Alle Gemüse außer Kohl und Radieschen/Rettich.

<u>Nachkultur:</u> Gurken, Knollenfenchel, Paprika, Sellerie, Tomaten.

<u>Mischkultur:</u> Kresse, Kohl, Tomaten, Hülsenfrüchte, Spinat, Möhren, Kopfsalat, Mangold, Kapuzinerkresse.

<u>Kulturdauer:</u> Radieschen im Frühjahr 40–45 Tage, im Sommer 20–30 Tage; Rettich im Frühjahr 90 Tage, im Sommer 70 Tage.

Rote Bete: Mittelschwer bis schwer aber wasserdurchlässig und humusreich soll der Boden sein. Die roten Rüben gehören zu den wenigen Gemüsearten, die auch mit Halbschatten zufrieden sind. Wurde der Boden im Herbst mit halbreifem Kompost versorgt und gut gemulcht, muß nicht weiter gedüngt werden. Es ist besser, zum geeigneten Zeitpunkt (ab Ende April) gleich im Freiland zu säen, weil die Roten Bete ein Verpflanzen schlecht vertragen. Wenn notwendig, wird mit Comfreybrühe gedüngt.

<u>Vorkultur:</u> Kohlrabi.

<u>Nachkultur:</u> Buschbohnen, Kohlarten, Feldsalat.

<u>Mischkultur:</u> Erdbeeren, Dill, Kohlrabi, Salat, Zwiebeln, Knoblauch, Gurken.

<u>Kulturdauer:</u> 100–150 Tage.

Kartoffeln: Je nach Sorte wachsen sie in Sand- oder Lehmboden, aber fruchtbar muß er sein. Kaum ein Ge-

müse lockert den Boden so gut wie die Kartoffel. Wer auf den Ernteertrag nicht so großen Wert legt, kann auf sehr verdichtetem Gartenboden, zum Beispiel nach dem Bau des Hauses, erstmal Kartoffeln anbauen und im darauffolgenden Jahr den Garten anlegen.
Das Kartoffelbeet muß im Herbst mit halbreifem Kompost, verrottetem Mist oder Blut-Knochen-Hornmehl vorbereitet und gut gemulcht werden. Verwenden Sie nur Saatkartoffeln, keine Speisekartoffeln! Man kann die Kartoffeln etwa 5–6 Wochen vor dem Pflanztermin in einer flachen Kiste bei etwa 15 Grad in einem hellen Raum vorkeimen oder ab 7 Grad Bodentemperatur direkt ins Beet legen. In die etwa 10 cm tiefen Furchen streut man noch einmal reifen Kompost. Bei trockenem Wetter muß besonders bei Sandböden gewässert werden.
Vorkultur: Radieschen, Spinat, Gartenkresse.
Nachkultur: Erdbeeren, Buschbohnen, Endivien, Kohl, Salat, Spinat.
Mischkultur: Dill, Bohnen, Meerrettich, Spinat, Knoblauch, Pfefferminze, Kümmel, Kapuzinerkresse.
Kulturdauer: Frühe Sorten 60 Tage, später Sorten 150 Tage.

Topinambur: Hauptsache, der Boden ist nicht zu naß. Weitere Ansprüche stellt Topinambur nicht. Die Pflanzen werden gut zwei Meter hoch und haben gelbe Blüten. Gut geeignet als Sichtschutz. Man legt die Knollen im Frühjahr etwa 20 cm tief im Abstand von 3 cm in die Erde und gießt bei trockenem Wetter. Die verdickten Wurzeln werden als Rohkost oder ähnlich wie Kartoffeln zubereitet. Über die Verträglichkeit mit anderen Gemüsearten ist nichts bekannt.
Kulturdauer: 180 Tage.

Wurzelpetersilie: Der Anbau von Wurzelpetersilie lohnt kaum im kleinen Hausgarten. Die Kulturdauer beträgt ungefähr 180 Tage. Da man dieses Gemüse seltener in der Küche verwendet, hauptsächlich ist es Bestandteil des Suppengrüns, sollte man den kostbaren Gartenboden nicht damit blockieren. Die Anbaubedingungen gleichen denen der Blattpetersilie.

Speiserüben: Rüben gibt es in vielen verschiedenen Formen, z. B. Weiße Rüben, Teltower Rübchen, Mairüben, Herbstrüben, Wasserrüben. Eine besondere Delikatesse ist Rübstiel oder Stielmus. Das sind die jungen Blätter der Weißen und Herbstrübe, die roh oder gekocht gegessen werden. Rüben haben keine besonderen Ansprüche an den Boden, Teltower Rübchen wachsen in leichteren Böden am besten. Der Boden darf aber nie austrocknen.
Vorkultur: Radies, Radieschen.
Nachkultur: Bohnen, Erbsen, Chicorée.
Mischkultur: Hülsenfrüchte, Chicorée, Kartoffeln, Möhren, Porree, Rote Bete, Salate, Sellerie, Spinat.
Kulturdauer: Kleine Sorten 40–80 Tage, größere Sorten 140–170 Tage.

Knollensellerie / Staudensellerie: Beide Sellerie-Arten benötigen tiefgrundigen, fruchtbaren, humusreichen Boden, der nicht trocken sein darf. Sellerie sollte man im Gewächshaus vortreiben und erst im Mai ins Freie pflanzen. Aus zwei Gründen: Einmal kann das Beet vorher genutzt werden, zum anderen werden die Knollen größer.
Die jungen Pflanzen müssen etwas zu hoch gesetzt werden, sie dürfen ruhig wackeln. Sellerie braucht viele Nährstoffe und wird während der Hauptwachstumszeit mit Brennesseljauche gedüngt.
Staudensellerie stellt die gleichen Ansprüche. Wer sich das Umwickeln der Stiele mit dunkler Folie ersparen will (um die Stiele zu bleichen), wählt eine selbstbleichende Sorte.
Vorkultur: Kohlrabi, Salate, Spinat.
Nachkultur: entfällt.
Mischkultur: Hülsenfrüchte, Kohlarten, Möhren, Porree, Schwarzwurzeln, Tomaten, Zwiebeln, Gurken.
Kulturdauer: Mindestens 200 Tage.

Schwarzwurzeln: Damit man gerade, nicht verzweigte Wurzeln bekommt, muß der Boden tief gelockert werden. Hohe Nährstoffansprüche haben Schwarzwurzeln nicht, man muß jedoch regelmäßig gießen.
Vor- und Nachkultur: entfallen.
Mischkultur: Bohnen, Endivien, Knollensellerie, Kohlarten, Möhren, Porree, Salat, Spinat, Zwiebeln.
Kulturdauer: 180 Tage.

Die Topinambur-Knollen vertragen Frost und können bis zum Gebrauch im Boden bleiben.

Die Blüten des Topinambur sind ein Blickfang im Garten. Die Pflanzen werden gut 2 m hoch.

Pastinake erntet man ab Oktober. Die Wurzeln eignen sich gut zur Lagerung im Keller. Leicht abgedeckt überstehen sie den Winter aber auch draußen.

Pastinake: Die robuste Pflanze braucht tiefgründigen mittelschweren, nicht zu trockenen Boden. Die Pflege entspricht der von Möhren.
Vor- und Nachkultur: entfallen.
Mischkultur: Hülsenfrüchte, Kohlarten, Möhren, Rote Bete, Zwiebeln.
Kulturdauer: Mindestens 200 Tage.

Zwiebelgemüse

Die Zwiebel-Familie ist recht groß, die entfernten Vettern Porree und Knoblauch noch gar nicht mitgerechnet. Das Zwiebelbeet bereitet man im Herbst vor, indem man halbreifen Kompost einarbeitet und mulcht. Der Boden soll reichlich Kali, aber nicht zu viel Stickstoff enthalten.
Zwiebeln werden entweder gesteckt oder gesät. Für den Hausgarten ist das Stecken empfehlenswert, die Kulturzeit ist nicht so lang.
Es gibt viele Sorten der normalen Küchenzwiebel. Schalotten, Gemüsezwiebeln und Maizwiebeln werden bereits im Herbst gesteckt. Stengelzwiebeln oder Winterheckzwiebeln sind ein Mittelding zwischen Zwiebeln und Lauch (man verwendet das Laub). Im Sommer wächst auf einem Stengel ein Büschel Brutzwiebeln, die man wieder als Steckzwiebeln verwendet. Es gibt noch eine Reihe anderer Arten, die bei uns aber nicht gut gedeihen, denn Zwiebeln brauchen Sonne. Samen oder Steckzwiebeln aus Südeuropa ist es bei uns zu kalt.
Vorkultur: entfällt.
Nachkultur: Spinat, Feldsalat.
Mischkultur: Möhren, Rote Bete, Zichoriensalat, Kopfsalat, Dill, Erdbeeren, Gurken, Bohnenkraut.
Kulturdauer: Küchenzwiebeln (gesteckt) 60 Tage, Maizwiebeln (gesät) bis 300 Tage, Winterheckzwiebeln (gesät) 120 Tage.
Knoblauch hat die gleichen Bodenansprüche und sollte in keinem Garten fehlen. Am besten steckt man die Zehen im Herbst oder im Frühjahr zwischen andere Nutz- und Zierpflanzen. Knoblauch wehrt viele Schädlinge ab. Nur in der Nähe von Kohl und Hülsenfrüchten sollte Knoblauch nicht wachsen.
Kulturdauer: 120 Tage (gesteckt).
Porree braucht lockeren, fruchtbaren, nicht zu trockenen Boden. Um die Kulturzeit zu verkürzen, sollte man im April Jungpflanzen in die

Das Zwiebelgemüse bringt Schärfe und Geschmack ins Menü. Einige Tage vor der Ernte lockert man den Boden, zieht die Pflanzen dann heraus und breitet sie zum Trocknen aus.

Erde stecken. Man setzt sie entweder in 20 cm tiefe Furchen und schüttet diese dem Wachstum entsprechend zu oder man häufelt die Pflanzen an, um lange, weiße Schäfte zu bekommen.
Vorkultur: entfällt.
Nachkultur: Spinat, Feldsalat, späte Kohlsorten (vorher etwas Dünger einarbeiten).
Mischkultur: Zichoriensalate, Erdbeeren, Sellerie, Schwarzwurzeln, Tomaten, Möhren, Radieschen, Gurken, Petersilie.
Kulturdauer: 60 Tage (gepflanzt).

Kohlgemüse

Wie Wurzelgemüse haben auch einige Kohlarten eine sehr lange Kulturdauer. Dazu kommt noch, daß vor allem die Kopfkohlarten viel Platz benötigen. In kleinen Gärten lohnt es sich kaum, für drei Kohlköpfe zwei Quadratmeter Beetfläche zu opfern. Frühe Sorten, die kürzere Zeit im Garten stehen, müssen ab Januar im Gewächshaus vorgezogen werden. Außerdem besteht bei Kohl immer die Gefahr, daß man sich die Kohlhernie in den Garten holt.

Rotkohl, Wirsing und Weißkohl brauchen nahrhaften, humosen Gartenboden, der gut gelockert wurde und kalkhaltig ist. Das Beet muß schon im Herbst mit organischem Dünger vorbereitet werden (z. B. getrockneter Rinderdung, Kompost allein reicht nicht). Während der Wachstumszeit wird mit Brennesseljauche gedüngt und gelegentlich Steinmehl gestreut.
Für kleinere Gärten eignet sich nur der Spitzkohl, eine schlanke Form des Weißkohls, der mit 40 cm x 40 cm Standraum auskommt.
Vorkultur: Hülsenfrüchte, Möhren, Salat (vor späten Sorten).

Neu im Handel sind die blau-violetten Brokkolisorten, Der Farbstoff Anthocyan ist in jeder Sorte enthalten und wurde durch Selektion und Kreuzung verstärkt.

Nachkultur: Radieschen, Möhren (nach frühen Sorten).
Mischkultur: Buschbohnen, Dill, Spinat, Erbsen, Einlegegurken, Endivien, Radieschen, Porree, Pfefferminze, Rettich, Rote Bete, Salat, Sellerie, Mangold, Tomaten.
Kulturdauer: Weißkohl 100–250 Tage, Wirsing 130–200 Tage, Rotkohl 120–200 Tage.

Grünkohl ist genügsamer. Er wächst auch auf Sandboden und wird meist als Nachkultur (Pflanzzeit Juni bis August) angebaut. Der Boden muß vor der Bestellung etwas gedüngt werden. Dieses beliebte Wintergemüse ist auch mit einem halbschattigen Standort zufrieden.
Vorkultur: jede andere Gemüseart.
Nachkultur: entfällt.
Mischkultur: wie Kopfkohl.
Kulturdauer: 150–240 Tage.

Rosenkohl: Auch der Anbau dieser Kohlart lohnt sich kaum in kleinen Gärten. Sie braucht schwere Böden, zusätzliche Nährstoffe, aber nicht zu reichlich. Die Pflege ist nicht weiter schwierig; hacken und gießen. Im September wird der Mitteltrieb herausgebrochen, um die Röschenbildung anzuregen.
Vorkultur: Erbsen, Salat, Spinat.
Nachkultur: entfällt.
Mischkultur: siehe Kopfkohl.
Kulturdauer: mindestens 200 Tage.

Blumenkohl verlangt einen sehr fruchtbaren und immer feuchten Boden. Der Anbau ist schwierig, jede Pflanze benötigt ca. 70 cm x 70 cm Platz, und das bis zu 300 Tagen. Eine Alternative für den Kleingärtner ist **Sommerbrokkoli,** der zarte Verwandte des Blumenkohls. Es gibt eine ganze Reihe aparter Sorten mit blauer oder gelber Blütenbildung. Die Bodenansprüche sind wie beim Blumenkohl, die Kulturdauer beträgt aber nur 90 Tage. Beim Winterbrokkoli sieht das ganz anders aus. Er braucht vom Samen bis zum Kochtopf ein ganzes Jahr.
Vorkultur: bei späten Sorten Kartoffeln, Hülsenfrüchte.
Nachkultur: Sellerie, Porree.
Mischkultur: siehe Kopfkohl.

Kohlrabi, weiß oder rot, sollte in jedem Garten ein Plätzchen finden. Leichtere Böden eignen sich besonders gut, der Nährstoffbedarf hält sich in Grenzen. Natürlich kann man auch Kohlrabi selbst im Gewächshaus ziehen. Praktischer ist es, sich im Frühjahr Jungpflanzen zu kaufen. Kohlrabi kann fast während der ganzen Saison immer wieder auf freigewordene Beetflächen gesetzt werden. Auf die Sorte achten!
Vorkultur: alle Gemüse.
Nachkultur: Bohnen, Einlegegurken, Fenchel, Sellerie, Salat, Möhren, Porree, Rote Bete, Tomaten.
Mischkultur: Bohnen, Spinat, Sellerie, Schwarzwurzeln, Rote Bete, Radieschen, Porree, Kopfsalat, Kartoffeln, Erbsen.
Kulturdauer: im Sommer 90 Tage, im Frühjahr 150 Tage.

Pflücksalat wächst im Gewächshaus und im Garten, kommt mit wenig Platz aus und ist dennoch ergiebig. Geerntet werden immer die untersten Blätter.

Chinakohl wächst am besten auf sandig-lehmigen, humusreichen Böden. Er hat die kürzeste Kulturzeit von allen Kohlarten: 75 Tage. Man darf ihn erst ab Mitte Juli bis Anfang August säen, frühere Aussaaten schießen leicht.
In den vergangenen Jahren sind einige neue Kohlarten auf den Markt gekommen, die sich wegen ihrer kurzen Kulturdauer ebenfalls gut für den Kleingarten eignen. Sie benötigen nahrhaften Boden, der nicht zu trocken sein soll. Unter anderem sind das **Pak-Choi, Amsoi, Choi-Sum und Kai-Lan**, alles Gäste aus dem Fernen Osten. Der Platzbedarf (30 cm x 30 cm) ist erträglich, die Kulturdauer kurz: ungefähr 50 Tage.

Blatt- und Stengelgemüse

Salate, Spinat, Rhabarber und Mangold werden zu dieser Gruppe gezählt. Besonders unter den Salaten gibt es viele für den Hobby-Gärtner interessante Sorten. Allen reicht guter, lockerer Gartenboden, und es muß regelmäßig gegossen werden. Staunässe ist jedoch auf jeden Fall zu vermeiden.
Beim **Kopfsalat** ist Farbe ins eintönige Grün gekommen – die roten Sorten sind im Vormarsch. Eins muß man dabei beachten: Die Saat keimt schlecht bei Bodentemperaturen über 20 Grad. Je nach Witterung beträgt die Kulturdauer 50–80 Tage.
Immer mehr Freunde gewinnt **Eissalat**. Die Boden- und Pflegeansprüche sind wie beim Kopfsalat, die Kulturdauer ist etwa 10 Tage länger.
Pflücksalat wird ebenfalls wie Kopfsalat angebaut und hat eine sehr kurze Kulturdauer: Nach 15 Tagen kann bereits mit der Ernte begonnen werden. Die in die Höhe wachsenden Pflanzen sind sehr ergiebig und nehmen im Vergleich zum Ertrag wenig Platz in Anspruch.
Schnittsalat kann während der ganzen Gartensaison an freien Stellen wachsen. Es muß allerdings immer wieder nachgesät werden. In die Salatschüssel kommt er nach rund 30 Tagen.
Bindesalat, auch Römischer Salat genannt, hat seinen Namen dadurch bekommen, daß man die Blätter zusammenbinden muß. Neuere Züchtungen fallen jedoch nicht mehr auseinander und müssen also nicht gebunden werden. Man kann ihn auch roh essen, Bindesalat ist aber eigentlich ein Gemüse, das leicht gedünstet wird. Kulturdauer: 60 Tage.
Ein enger Verwandter ist auch der **Spargelsalat**, dessen weiße Stiele ähnlich wie Spargel zubereitet werden. Kulturdauer: 90 Tage.
Die folgenden Angaben gelten für alle bisher genannten Salate.
Vorkultur: Hülsenfrüchte, Kohlrabi.
Nachkultur: Kohl, Gurken, Knollenfenchel, Porree, Tomaten, Rote Bete.
Mischkultur: Hülsenfrüchte, Dill, Kresse, Kerbel, Möhren, Porree, Radieschen, Gurken, Erdbeeren, Zwiebeln, Tomaten, Rote Bete, Pfefferminze, Kohlarten, Fenchel, Schwarzwurzeln.
Feldsalat (Rapunzel, Acker- oder Nüßlisalat) ist recht frosthart und eignet sich daher gut als Vor- und Nachkultur. Bereits 25 Tage nach der Aussaat können die zarten Blättchen geerntet werden. Er verträgt sich gut mit allen anderen Beetbewohnern.
Zichoriensalate haben eines miteinander gemeinsam: den leicht bitteren Geschmack. Es gehören dazu: Endivien, Radicchio, Chicorée und Zuckerhut.
Je nach Sorte kann **Endiviensalat** bis Mitte Juli gesät und noch im Winter geerntet werden. Die Kulturdauer beträgt 60 Tage.
Radicchio, eine typisch italienische Salatart, kommt mit unseren Wetterverhältnissen bestens klar. Wen die lange Kulturdauer von 120 Tagen (ohne Treiberei) nicht stört, sollte den Anbau einmal versuchen. Gesät wird ab Mitte Mai, im Spätherbst werden die länglichen, grünen Blätter bis auf 5 cm abgeschnitten. Unter einem Folientunnel entwickeln sich dann die festen, kleinen, rot-weißen Salatköpfe. Die Temperatur soll 10 Grad nicht übersteigen.

Zum Treiben steckt man die Chicoréewurzeln im Keller in ein Gefäß mit feuchtem Sand.

Chicorée wächst auf jedem guten Gartenboden, hat allerdings eine Kulturdauer von 180 Tagen und wird zur Treiberei ausgegraben. Die grünen Blätter werden 3 cm über der Wurzel abgeschnitten, dann sticht man die Wurzel mit einer Grabegabel vorsichtig heraus, schneidet die Spitze ein wenig ab und steckt die Wurzeln aufrecht in einen zur Hälfte mit feuchtem Sand gefüllten Eimer oder in eine Kiste. Das Gefäß wird abgedeckt. Im Dunkeln, bei einer Temperatur zwischen 10 und 18 Grad, entwickeln sich die bekannten weißen Chicorée-Zapfen.

Zuckerhut ist dem Chicorée sehr ähnlich. Geerntet werden die grünen, spitzen Köpfe. Die Kulturdauer beträgt 120 Tage. Man ißt ihn als Salat oder gekocht – wie Chicorée.

Die folgenden Angaben gelten für Zichoriensalate.

Vorkultur: Hülsenfrüchte, Kohlarten, Möhren (wenn zeitlich möglich).

Nachkultur: entfällt.

Mischkultur: Hülsenfrüchte, Gurken, Kohlarten, Möhren, Porree, Tomaten, Knollenfenchel.

Löwenzahn als Salat ist eine Delikatesse. Es gibt für diesen Zweck spezielle Sorten in den Samenfachhandlungen. Aber auch der normale Wiesen-Löwenzahn kann in seinen jungen Tagen geerntet werden.

Spinat ist ein Gemüse für jede Jahreszeit. Es gibt inzwischen viele verschiedene Sorten. Der Boden muß nahrhaft, humusreich und etwas feucht sein. Im Sommer ist er nach 30 Tagen erntereif, im Winter braucht er etwas mehr Zeit. Spinat verträgt sich mit allen Gemüsearten.

Neuseeländer Spinat hat mit Spinat nichts zu tun. Gesät wird ab Mitte Mai. Er braucht unbedingt einen sonnigen Standort, warmen, fruchtbaren, humusreichen Boden und pro Pflanze 50 cm x 50 cm Platz. Eine gute Verzweigung erreicht man, indem man die Pflanzen einige Male entspitzt. Pflückt man nicht zu häufig und nicht zu viel auf einmal, kann man wochenlang ernten. Kulturdauer bis zur ersten Ernte 50 Tage. Über seine „Beziehungen" zu anderen Gemüsen ist nichts bekannt.

Mangold war lange Zeit in Vergessenheit geraten und wird wieder verstärkt angebaut. Das schmackhafte Gemüse eignet sich auch gut für den Hausgarten. Man unterscheidet Stielmangold, dessen Blattstiele wie Spargel zubereitet werden, und Schnittmangold, den man wie Spinat verwendet. Mit normalem Gartenboden ist dieses Gemüse voll zufrieden. Die Blätter erntet man schon nach 50 Tagen, die Stiele nach 80 Tagen. Schont man das Herz der Pflanzen, treiben sie immer wieder neu.

Vorkultur: eventuell Hülsenfrüchte (bei späten Sorten).

Nachkultur: alle Gemüse.

Mischkultur: Kohl, Möhren, Radieschen, Tomaten, Bohnen, Erdbeeren.

Rhabarber ist wirklich ein Gemüse, auch wenn er meistens als Kompott auf den Tisch kommt. Die Pflanzen brauchen reichlich Nährstoffe, feuchten Boden (aber keine Staunässe), sind aber auch mit einem halbschattigen Standort zufrieden. Der beste Dünger ist verrotteter Stallmist, den man bei der Pflanzung im Herbst oder Frühjahr einarbeitet. Nach der Ernte (Ende Juni) wird mit Horn-Blut-Knochenmehl gedüngt.

Bei guter Pflege wird die Rhabarberstaude viele Jahre alt. Vermehrt werden die Pflanzen durch Wurzelteilung im Herbst. Von jungen oder geteilten Pflanzen erntet man erst im zweiten Jahr. Rhabarber verträgt sich mit anderen Gemüsen, sollte jedoch als Dauergewächs einen separaten Platz bekommen.

Mangold sät man im April direkt ins Freiland in Reihen mit etwa 30 cm Abstand. Später werden die Pflanzen auf ca. 25 cm vereinzelt.

Hülsenfrüchte

Auch bei Erbsen und Bohnen gibt es recht unterschiedliche Kulturzeiten. Die Anbau-Methoden sind teilweise aufwendig und man muß sich deshalb auch bei diesem Gemüse die Frage stellen: Lohnt es sich?
Bei **Erbsen** unterscheidet man Schal- oder Palerbsen, Zuckererbsen, Markerbsen und Trockenerbsen. Sie wachsen auf jedem gut gelockerten Gartenboden und sind nicht sehr anspruchsvoll. Man kann recht früh säen, schon ab März, weil die jungen Erbsenpflanzen durchaus etwas Frost vertragen. Niedrigwachsende Sorten sind pflegeleicht, die hohen brauchen eine Kletterhilfe.
Schalerbsen kann man frisch zubereiten, aber auch ausreifen lassen und als Trockenerbsen verwenden. **Markerbsen** eignen sich nur zum Frischverzehr. Bei **Zuckererbsen** ißt man die Hülse mitsamt den noch wenig entwickelten Erbsen. In den Hülsen bildet sich keine Pergamentschicht. Es gibt auch Kreuzungen zwischen Zucker- und Markerbsen, die man ganz oder ausgepalt ißt. **Trockenerbsen** werden nur in ausgereiftem Zustand geerntet. Kulturdauer von Erbsen: 90–120 Tage.
Vorkultur: entfällt.
Nachkultur: Möhren, Salat, Kohlarten, Endivien, Fenchel.
Mischkultur: Möhren, Radieschen, Rettich, Zucchini, Gurken, alle Kohlarten, Kopfsalat, Fenchel, Dill.
Bohnen sind ebenfalls sehr genügsam. Warme, humusreiche Sandböden haben sie am liebsten. Man sollte allen Bohnen einen möglichst sonnigen Standort geben und bei Trockenheit genügend wässern. Interessant für den Hobby-Gärtner sind die sogenannten **Gartenbohnen,** also jene, die man mit der Hülse zubereitet. Es gibt außerordentlich viele verschiedene Sorten, grüne, gelbe und sogar blaue. Weniger Arbeit machen Buschbohnen. Stangenbohnen benötigen eine stabile Stütze. Kulturzeit der Buschbohnen: 40–90 Tage; Stangenbohnen: 100–120 Tage.
Trockenbohnen werden im Privatgarten selten angebaut. Sie sind wenig ergiebig und machen viel Arbeit, denn die Samen müssen erst gepult und dann noch getrocknet werden, bevor sie im Kochtopf landen. Zu dieser Gruppe zählen auch die Sojabohnen. Sie wachsen normalerweise in viel wärmeren Gebieten, bei uns gedeiht nur (mit mäßigem Erfolg) die Sorte 'Gieso'. Die Kulturdauer von Trockenbohnen beträgt 140 Tage.
Puffbohnen, das sind dicke Bohnen, Saubohnen oder Pferdebohnen, werden gepult, aber frisch gekocht. Sie wachsen auf jedem Gartenboden, nur zu trocken darf er nicht sein. Die Pflanzen vertragen durchaus etwas Frost und können schon im März ins Freiland gesät oder im Februar im Topf vorgezogen und im April ins Beet gepflanzt werden. Alle Puffbohnen brauchen eine Kletterhilfe. Nach etwa 90 Tagen kann geerntet werden.
Die folgenden Angaben gelten für alle Bohnenarten.
Vorkultur: Kohlrabi, Radieschen, Salat (wenn zeitlich möglich).
Nachkultur: Endivien, späte Kohlsorten.
Mischkultur: Dill, Endivien, Erdbeeren, Gurken, Kartoffeln, Kohlrabi, Radieschen, Spinat, Salat, Mangold, Sellerie, Tomaten. Eine Kombination mit Zwiebelgewächsen sollte man auf jeden Fall vermeiden.
Bohnen haben oft sehr schöne Blüten und werden auch gern im Ziergarten angepflanzt.

Bohnen haben meist sehr dekorative Blüten und werden deshalb auch im Ziergarten oder auf dem Balkon gezogen. Die Bodenansprüche sind recht gering.

Fruchtgemüse

Viele der bekannten Fruchtgemüse haben es bei uns schwer. Paprika und Auberginen brauchen ein Gewächshaus, auch Melonen kommen nicht ohne Glasdach aus.
Tomaten sind bei uns bereits so selbstverständlich, daß man oft ihre Heimat, die tropischen Gegenden Südamerikas, vergißt. Sie brauchen viel Wärme. Wenn die Sommer zu kalt sind, schützt man sie mit Plastikhauben oder kultiviert die Tomaten ebenfalls im Gewächshaus.
Die roten „Liebesäpfel" sind hungrig und durstig. Das Beet wird bereits im Herbst mit reichlich halbreifem Kompost und gut verrottetem Stallmist vorbereitet. Gepflanzt werden sie nach den Eisheiligen. Die Anzucht aus Samen beginnt bereits Ende Februar unter Glas. Tomaten brauchen eine Stütze, an der sie dem Wachstum entsprechend laufend hochgebunden werden. Die Geiztriebe, die aus den Blattachseln wachsen, bricht man regelmäßig aus. Zum Ausreifen läßt man nur 3–5 Dolden stehen. Blüten, die sich ab Anfang August bilden, bricht man ab. Gedüngt wird mit Pflanzenjauche. An trockenen Tagen muß man mindestens einmal täglich gießen, aber nur im Wurzelbereich. Nasse Blätter mag die Tomate nicht.
Vorkultur: Kohlrabi, Radieschen, Salat, Spinat.
Nachkultur: entfällt.
Mischkultur: Chicorée, Kohlarten, Knoblauch, Möhren, Petersilie, Porree, Rettich, Rote Bete, Pflücksalat, Sellerie, Spinat. Tomaten fühlen sich wohl, wenn sie immer wieder auf dasselbe Beet gepflanzt werden.
Kulturdauer: 200 Tage.

Tomaten zählen zu den Favoriten im Gemüsegarten, obwohl ihr Anbau gar nicht so einfach ist.

nen gut im Freien kultiviert werden. Es gibt grüne, gesprenkelte und gelbe Sorten, längliche, flache oder kugelrunde. Das Fruchtfleisch des Spaghettikürbis erinnert an Nudeln, daher der Name. Jung geerntet schmecken alle am besten. In der Wachstumsphase regelmäßig gießen und mit Pflanzenjauche düngen.
Vorkultur: Kohlrabi.
Nachkultur: Spinat, Feldsalat.
Mischkultur: Hülsenfrüchte, Zwiebeln, Kapuzinerkresse.
Kulturdauer: Zucchini: 60 Tage, Kürbis: 150 Tage.

Knollenfenchel ist kein Knollengemüse, auch kein Fruchtgemüse. Die Knolle ist ein verdickter, oberirdischer Pflanzenteil, am ehesten als ein Stück Stengel zu bezeichnen. Die Pflanzen brauchen humosen, lockeren Sandboden, ein warmes Plätzchen und bei Trockenheit genügend Wasser. Gesät wird erst ab Juni, frühere Aussaaten neigen zum Schießen. Die Scheinknollen werden im Sommer angehäufelt.
Vorkultur: Erbsen, Kohlrabi, Spinat, Salat, Radieschen.
Nachkultur: Kohlarten, Endivien, Feldsalat, Chicorée.
Mischkultur: Chicorée, Erbsen, Endivien, Gurken, Kopfsalat, Salbei, Erdbeeren, Pflück- und Feldsalat.
Kulturdauer: 80–90 Tage.

Salatgurken sind auch nicht ganz einfach. Auf jeden Fall muß man mehltauresistentes Saatgut wählen und je nach Gegebenheit Sorten für den Gewächshaus- oder Freilandanbau. Warm, humusreich und durchlässig muß der Boden sein. Am besten geeignet für draußen sind Einlegegurken. Jede Pflanze braucht jedoch einen Quadratmeter Platz! Bei allen Gurken ist eine Anzucht im Gewächshaus notwendig oder empfehlenswert. Ins Freie dürfen sie erst nach den Eisheiligen.
Vorkultur: Kohlrabi, Radieschen.
Nachkultur: Spinat, Feldsalat.
Mischkultur: Hülsenfrüchte, Dill, Kohlarten, Rote Bete, Salat, Sellerie, Zwiebeln, Porree, Fenchel.
Kulturdauer: bis 180 Tage.

Zucchini, Squash und Kürbis gehören zu den Gurkengewächsen und haben ähnliche Ansprüche an den Boden. Zucchini kommen mit unserem Wetter allerdings besser zurecht als die Salatgurken und kön-

Squash, ein neues Mitglied der Kürbis-Familie, schmeckt gekocht oder süß-sauer eingelegt.

Feines Gemüse braucht ein Dach über dem Kopf

Hinter Glas oder Folie gedeihen viele Gemüsearten, denen es bei uns im Garten meistens zu kalt ist. Dazu zählen so alltägliche Arten wie Gurken und Tomaten.

Eine große Ernte auf kleinstem Raum vom Frühjahr bis in den Herbst: Die intensive Nutzung eines Gewächshauses macht's möglich.

Gewächshausbesitzern entlocken verregnete Sommer und kühles Wetter nur ein müdes Lächeln. Hinter den Glasscheiben oder Folienwänden reifen die schönsten Gemüsearten heran. Es wäre unsinnig, den teuren Glaspalast im Sommer mit Kohl und Rüben zu bepflanzen – die feineren Arten kommen unter das Dach: Tomaten und Paprika, Auberginen und Melonen, Gurken und Zucchini.
Beim Gemüseanbau im Gewächshaus gibt es einige Grundsätze zu beachten. Der Boden wird intensiver genutzt als im Freien. Die erforderlichen Nährstoffe müssen dem Boden zugeführt werden – aber vorsichtig. Bei ungeeignetem oder zu reichlichem Dünger kommt es leicht zu einer Versalzung des Bodens.
Im Freiland spült der Regen diese Salze in untere Bodenschichten und somit aus dem Wurzelbereich heraus. Im Gewächshaus muß man schon bei der Auswahl des Düngers diese Schwierigkeiten beachten.
Deshalb ist es im Gewächshaus von großer Bedeutung, auf chemisch hergestellte, wasserlösliche Nährsalze zu verzichten. Auf das funktionierende Zusammenspiel von Nährstoffen, Bodenorganismen und Bodenbearbeitung ist auf dem kleinen Stückchen Erde im Gewächshaus besonders zu achten.
Geeignet sind organisch-mineralische Dünger, die Stickstoff, Phosphor und Kali enthalten; in welchem Verhältnis, das kommt auf die Beschaffenheit des Bodens an. Es empfiehlt sich, den Boden untersuchen zu lassen. Ohne funktionierendes Bodenleben sind die Nährstoffe jedoch für die Pflanzen nicht verfügbar. Deshalb kommt auch der Bodenbearbeitung große Bedeutung zu. Eine tiefgrundige Lockerung ist notwendig. Dazu trägt man die oberen 15 cm Mutterboden einmal im Jahr ab, lockert die Schicht darunter mit einer Grabegabel und gibt den möglichst mit reifem Kompost verbesserten Mutterboden wieder darauf.
Gut bewährt hat es sich, in die untere Bodenschicht ein Lavagranulat einzuarbeiten. Es sorgt für eine ausreichende Bodendurchlüftung.
Das Beste für die Pflanzen im Gewächshaus ist verrotteter Stallmist. Leider bekommt man ihn sehr selten, es sei denn, man setzt sich seinen Mistkompost selber an. Im Handel sind jedoch gute Düngemittel erhältlich, die aus verschiedenen Stallmistarten hergestellt werden. Mehr noch als im Garten müssen Sie im Gewächshaus darauf achten, daß die angebauten Pflanzen zusammenpassen. Dabei spielt nicht nur die „gute Nachbarschaft" eine Rolle. Die Pflanzen müssen gleiche Ansprüche an Boden und Feuchtigkeit haben.
Einen Stammplatz im Gewächshaus haben Tomaten, die Sorgenkinder vieler Gartenbesitzer. Fehlt die notwendige Wärme, dann bleiben sie grün. Tomaten sollte man nicht in unmittelbarer Nähe von Auberginen und Paprika pflanzen, weil sie mehr Dünger brauchen, auch mehr als im Freiland. Vor der Pflanzung wird reichlich Kompost in den Boden eingearbeitet und während des gesamten Hauptwachstums mit Pflanzen-

jauche gedüngt. Wichtig ist ein Pflanzabstand von 50 cm.
Zu Beginn der Kultur wird mäßig gegossen, und zwar ausschließlich im Wurzelbereich. Die Blätter vertragen Nässe nur, wenn sie schnell abtrocknen kann, was im Gewächshaus nicht immer der Fall ist. Sobald sich die Früchte bilden, muß dann täglich gegossen werden. Damit es aber überhaupt soweit kommt, muß der Gärtner bei der Bestäubung nachhelfen. Tomaten sind Selbstbestäuber. Im Garten rüttelt der Wind an den Pflanzen, im Gewächshaus muß der Gärtner rütteln.
Gut nebeneinander gedeihen Paprika und Auberginen. Auch diesen Pflanzen bekommen Kompost und Pflanzenjauche am besten. In der Wachstumszeit sind beide sehr durstig. Bei Auberginen wird der Haupttrieb entspitzt, damit sich die Pflanze verzweigt. Es sollen später die vier kräftigsten Triebe stehenbleiben. Von den Fruchtansätzen läßt man fünf bis sieben ausreifen. Auf den Quadratmeter nicht mehr als vier Pflanzen setzen.

Gurken, Zucchini und Melonen

Zu den empfindlichen Gemüsen, die gerne ein Dach über dem Kopf haben, zählen auch Gurken und Zucchini. (Moderne Zucchini-Sorten wachsen allerdings auch im Garten gut.) Wie Tomaten sind auch Gurken sehr hungrig. Vor der Pflanzung muß der Boden mit Kompost oder verrottetem Stallmist gedüngt werden. Bei Gurken wird die Triebspitze entfernt, sobald sich das fünfte Blatt gezeigt hat. Während der Wachstumsphase zweimal organischen Mischdünger geben, keinen Kunstdünger, denn Gurken reagieren besonders empfindlich auf Salz. Bei sonnigem Wetter braucht eine Gurkenpflanze täglich drei Liter Wasser. Gegossen wird nur mittags. Auch wenn der Durst sehr groß ist, haben Gurken doch ein distanziertes Verhältnis zum Naß. Staunässe im Wurzelbereich quittieren sie mit Wurzelfäule. Der Gewächshausgärtner kann dem vorbeugen, indem er die Pflanzen auf einen ca. 25 cm hohen Hügel setzt.
Zucchini haben vergleichbare Ansprüche an ihren Lebensraum. Allerdings brauchen sie mehr Platz. Man sollte nur eine Pflanze pro Quadratmeter setzen. Achten Sie beim Samenkauf darauf, daß die Sorten für die Kultur im Gewächshaus geeignet sind. Das gilt auch für Gurken.
Ein Luxus wegen der kleinen Anbaufläche in einem Gewächshaus sind auch Melonen. Sie benötigen mindestens 80 cm x 80 cm Platz pro Pflanze. Ihre Bodenansprüche sind mit denen von Gurken vergleichbar. Nach Bildung des sechsten Blattes werden die Jungpflanzen entspitzt, und auch die Seitentriebe werden bis auf vier kräftige Exemplare entfernt. Es sollen pro Pflanze nur vier bis fünf Früchte reifen. Dabei muß der Gärtner nachhelfen. Die Befruchtung besorgen im Freiland die Bienen. Im Gewächshaus pflückt man sich eine männliche Blüte und drückt sie leicht auf die weibliche. Aber vorsichtig – der Fruchtknoten darf nicht beschädigt werden. Man kann zum Bestäuben auch einen feinen Pinsel verwenden. Die männliche Blüte ist übrigens daran erkennbar, daß ihr direkt hinter der Blüte eine kleine kürbisartige Verdickung fehlt.

Einige Pflanzen brauchen Hilfe

Wer über ein größeres Gewächshaus verfügt, kann auch Stangenbohnen unter Glas anbauen. Die Pflanzen brauchen allerdings viel Platz und es lohnt sich nicht, nur zwei oder drei zu pflanzen. Man muß dem Gemüse schon eine ganze Gewächshausseite reservieren.
Bohnen gehören zu den Schwachzehrern und sind daher mit wenig Kompost zufrieden. Auf keinen Fall stickstoffhaltigen Dünger verwenden. Das Gießen erfordert Fingerspitzengefühl. Vor der Blüte wird wenig gegossen, danach reichlich, möglichst immer mit abgestandenem Wasser. Wählen Sie Bohnensorten mit nicht so starker Laubbildung.
Einige Pflanzen benötigen eine Kletterhilfe: Melonen, Stangenbohnen und Gurken. Tomaten müssen wie im Freiland an einer Stange hochgebunden werden.
Man kann natürlich auch jede andere Gemüseart im Gewächshaus ziehen. In der Hauptvegetationszeit wachsen unsere robusten heimischen Arten aber auch im Freiland ganz gut. Für eine Vor- und Nachkultur sind jedoch bestimmte Gemüse sehr gut geeignet (siehe Tabelle).

Jahresplan für den Gemüseanbau in einem Kaltgewächshaus

Mögliche Vorkulturen im Winter und Frühjahr				Hauptkulturen im Sommer				Mögliche Nachkulturen im Herbst und Winter			
Art	**Aussaat**	**Pflanzung**	**Ernte**	**Art**	**Aussaat**	**Pflanzung**	**Ernte**	**Art**	**Aussaat**	**Pflanzung**	**Ernte**
Kohlrabi	Ende Januar	Ende Februar	Anfang/ Mitte Mai	**Auberginen**	Ende Februar	Mitte Mai	Mitte August bis Oktober	**Feldsalat**	Ende August bis Oktober	–	Oktober bis April
Mairüben	Ende Februar bis März	–	Ende April bis Mai	**Gurken**	Anfang April bis Juni	Ende Mai Anfang Juli	Ende Juli bis Oktober	**Radies**	Ende August bis Anfang Okt.	–	Ende September bis November
Rettich	Ende Februar bis März	Mitte März	Ende April bis Mai	**Melonen (Zucker)**	Anfang April	Ende Mai/ Anfang Juni	Anfang Oktober	**Spinat**	September bis Oktober	– –	Ende Oktober bis April
Winter-Kopfsalat	Anfang September	Anfang Oktober	Mitte April bis Mitte Mai	**Paprika**	Anfang bis Mitte März	Mitte bis Ende Mai	Ende Juli bis Oktober	**Gartenkresse**	ganzjährig (frostfrei)	–	2–4 Wochen nach Aussaat
Schnittsalat	Ende März	–	Ende April/ bis Mai	**Stangenbohnen**	Mitte April bis Ende Mai	Anfang Mai bis Juni	Ende Juni bis September	**Stielmangold**	Mitte August bis September	September bis Oktober	November bis Mai
Jungpflanzenanzucht Gemüse- und Sommerblumen	Februar bis Anfang April	1–2x pikieren (versetzen)	Mitte Mai ins Freie pflanzen	**Tomaten**	Anfang bis Mitte März	Mitte bis Ende Mai	Ende Juni bis Oktober	**Winterportulak**	September bis November	–	November bis Mai

Biologische Bekämpfung von Schädlingen

Für Schlupfwespen sind Mottenschildläuse eine Delikatesse, Raubmilben haben Spinnmilben zum Fressen gern. Im Glashaus kämpft man ohne Gift.

Sie ist zwei Millimeter lang, besitzt zwei Paar Flügel und hat schon so manchen Pflanzenfreund zur Verzweiflung gebracht: die Mottenschildlaus, auch bekannt unter dem Namen Weiße Fliege ***(Trialeurodes vaporariorum).*** Besonders wohl fühlt sie sich in der Geborgenheit eines Gewächshauses.

Die kleinen Insekten ernähren sich vom Saft der Pflanzen, sowohl im Larven- als auch im Flugstadium. Diese Ernährungsgewohnheiten schädigen die Pflanzen bereits sehr stark. Dazu kommt aber noch, daß Mottenschildläuse ein klebriges Sekret absondern, das sich auf den Blättern festsetzt und ein idealer Nährboden für schwarze Schimmelpilze, den Rußtau, ist.

Die Entwicklungszeit der Mottenschildlaus vom Ei bis zur Fliege hängt von der Temperatur im Gewächshaus ab. Bei 30 Grad vergehen drei Wochen, bei 15 Grad elf Wochen. Auch die Lebensdauer ist von der Temperatur abhängig – je wärmer es ist, desto länger leben die Insekten.

Die Weiße Fliege hat jedoch einen tödlichen Feind: die Schlupfwespe ***(Encarsia formosa).*** Sie ist zwar nur halb so groß wie die Mottenschildlaus, aber sie lebt in und von der Weißen Fliege. In der Entwicklungszeit, vom Ei bis zur Flugfähigkeit, lebt die Schlupfwespe in der Mottenschildlauslarve. Die Eier werden von den weiblichen Tieren in die Larven gelegt und verweilen dort – wie die Made im Speck –, bis die winzigen Fluginsekten ausschlüpfen. Aber auch die erwachsene Schlupfwespe bleibt ihren Eßgewohnheiten treu und frißt für den Rest ihres Lebens die Larven und auch den süßen Honigtau der Weißen Fliege.

Diese Wechselwirkung nutzt der Gewächshausbesitzer zur biologischen Schädlingsbekämpfung. Beim ersten Anzeichen von Mottenschildlausbefall setzt man zwei- bis dreimal im Abstand von wenigen Tagen Puppen von Schlupfwespen aus. Die Blätter oder Pappkärtchen mit den schwarzen Puppen werden im Gewächshaus aufgehängt – fünf bis zehn Puppen pro Quadratmeter Gewächshausfläche. Nach etwa zwei Wochen schlüpfen die Insekten.

Den Erfolg dieser Maßnahme kann man gut mit bloßem Auge erkennen. Die weißen Puparien der Mottenschildlaus auf den Unterseiten der Blätter verfärben sich schwarz, sobald Schlupfwespeneier darin abgelegt wurden (Parasitieren).

Schlupfwespen ernähren sich übrigens ausschließlich von Mottenschildlauslarven. Sind keine mehr verfügbar, verhungern die Tierchen. Ihre Lebenserwartung beträgt aber sowieso nur zehn bis vierzehn Tage. Schlupfwespenpuppen kann man über Versandgeschäfte bestellen. Fragen Sie im Fachhandel danach.

Eine andere verbreitete Plage sind die Gewächshaus-Spinnmilben ***(Tetranychus urticae),*** auch „Rote Spinne" genannt. Sie leben auf vielen Pflanzen, auch auf Gurken und Tomaten, und saugen den Lebenssaft aus den Blättern. Die durch den Befall hervorgerufenen Schäden zeigen sich als gelbe Flecken. Sobald erste Anzeichen sichtbar sind, sollte man sofort Gegenmaßnahmen ergreifen.

Die wirksamste Waffe ist ein naher Verwandter: die Raubmilbe ***(Phytoseiulus persimilis).*** Sie ernährt sich ihr Leben lang von Spinnmilben. Die Räuber sehen ihren Opfern recht ähnlich, produzieren aber kein Gespinst wie die Rote Spinne. Raubmilben sind sehr lebhaft und bewegen sich sehr schnell.

Auch diese Nützlinge kann man sich per Post schicken lassen. Geliefert werden gleichzeitig Eier, Larven und erwachsene Tiere, meist auf Bohnenblättern. Man legt diese Blätter in Stücke zerschnitten auf die befallenen Pflanzen, die möglichst dicht beieinander stehen sollen, um eine schnelle Verbreitung zu ermöglichen. Hohe Luftfeuchtigkeit fördert die Wirksamkeit der Raubmilben. Eine Raubmilbe saugt täglich bis zu fünf ausgewachsene oder bis zu 20 junge Spinnmilben aus. Das Leben einer Raubmilbe dauert vom Ei bis zum Absterben sieben bis zehn Tage.

Auch Blattläuse ***(Aphididae)*** machen dem Gewächshausgärtner oft große Sorgen. Die verschiedenen Arten sind meistens grünlich. Die

Die Weiße Fliege (Bildmitte) verbreitet sich in Gewächshäusern sehr schnell. Links sieht man das schwarze, von der Schlupfwespe parasitierte Puparium, in das rechte ist noch kein Ei abgelegt worden. Unten Mitte sieht man das erste Larvenstadium der Weißen Fliege.

Die winzige Schlupfwespe ist gerade aus dem Puparium geschlüpft. Sie setzt das Werk fort und legt nun ihrerseits Eier in den Puparien der Weißen Fliege ab und ernährt sich selbst auch von den Larven der Schädlinge.

Winzlinge ernähren sich ebenfalls von dem Saft der Blätter und sitzen an den Blattunterseiten oder an jungen Trieben. Einmal schädigen sie die Pflanze durch ihre Saugtätigkeit, zum anderen bedecken sie die Blätter – wie die Mottenschildlaus – mit ihren klebrigen Ausscheidungen, auf denen sich Rußtau bildet. Außerdem übertragen sie gefährliche Viruserkrankungen.
Gründe genug, ihnen den Kampf anzusagen. Als Verbündete leisten die Räuberischen Gallmücken ***(Aphidoletes aphidimyza)*** gute Dienste. Sie sind mit den schädlichen Gallmücken verwandt und dürfen nicht mit ihnen verwechselt werden.
Geliefert werden in Torf eingebettete Puppen. Man verteilt sie in kleinen Häufchen auf der Erde. Nach ein bis zwei Wochen sind die Gallmücken geschlüpft. Die erwachsenen Tiere ernähren sich von dem Honigtau und legen ihre Eier in der Nähe der Blattlauskolonien ab. Denn die kleinen Larven ernähren sich ausschließlich von Blattläusen. Jedes Weibchen der Räuberischen Gallmücke legt etwa 100 Eier und jede Larve vertilgt etwa 50 Blattläuse.
Ein erprobter Mitstreiter im Kampf gegen die Blattläuse ist auch die Florfliege ***(Chrysopa carnea)***, die man bezeichnenderweise auch „Blattlauslöwe" nennt. Verschickt werden die Eier dieser Nützlinge, aus denen schon nach wenigen Tagen die Larven schlüpfen. Ihre Hauptnahrung sind Blattläuse. Eine Larve frißt in ihrer Entwicklung bis zu 500 Stück. Die erwachsenen Tiere bevorzugen Nektar und Pollen, schädigen die Pflanzen aber nicht.
Bei der biologischen Schädlingsbekämpfung im Gewächshaus ist es überaus wichtig, bereits bei den ersten Anzeichen eines Befalls Gegenmaßnahmen zu ergreifen. Deshalb sollte man seine Pflanzen wenigstens jeden zweiten Tag sehr genau kontrollieren. Hat sich ein Schädling erst richtig vermehrt, dann hilft oft nur die „chemische Keule".
Wer nicht mit Nützlingen die Schädlinge bekämpfen will, kann die Weiße Fliege zum Beispiel auch mit den sogenannten Gelbfallen auf den Leim führen. Im Gewächshaus werden gelbe Scheiben aufgehängt, die mit einer klebrigen Masse bestrichen sind. Die Weißen Fliegen fliegen auf Gelb und bleiben am Leim hängen.
Diese Methode wird von vielen Erwerbsgärtnereien mit großem Erfolg angewandt.
Auch im Gewächshaus kann man mit Pflanzenbrühen und -jauchen den Schädlingen und Pilzerkrankungen zu Leibe rücken. Gegen Blattläuse hilft Brennesseljauche, aber vorsichtig dosieren, damit sich der Nitratgehalt nicht zu stark erhöht. Wermutbrühe hilft gegen Ameisen, Blattläuse und die Schwarze Bohnenlaus. Spritzungen mit Schachtelhalmtee beugen Pilzerkrankungen vor.
Leider gibt es auch Schädlinge und Krankheiten, die man nur mit stärkeren Mitteln bekämpfen kann. Treten Ameisen verstärkt auf, muß man giftige Fraßköder auslegen oder gezielt die Nester suchen und zerstören. Asseln, die sich im allgemeinen von bereits leicht verrotteten Pflanzen- und Tierresten ernähren, wissen saftige Wurzeln, junge Triebe und Früchte in Bodennähe zu schätzen. Auch diese Schädlinge muß man leider mit Giftködern bekämpfen. Gegen Schnecken helfen auch im Gewächshaus Bierfallen.
Vielleicht mehr noch als im Garten ist in dem kleinen Raum des Gewächshauses Vorbeugen der beste Schutz. Von kranken Pflanzen sollte man sich lieber schnell trennen und nicht lange herumdoktern und so die Gefahr der Ansteckung anderer Pflanzen in Kauf nehmen. Achten Sie beim Erwerb der Pflanzen auf kräftigen Wuchs und gesundes Aussehen. Verwenden Sie nur einwandfreies Saatgut. Sorgen Sie für gesunden Boden und für frische Luft.
Im Handel werden sowohl biologische als auch chemische Mittel für die Schädlings- und Krankheitsbekämpfung im Gewächshaus angeboten. Verwenden Sie nur Präparate, die ausdrücklich für den Gebrauch im Gewächshaus zugelassen sind und halten Sie sich strikt an die Gebrauchsanweisung.
Für die Gesundheit der Pflanzen spielt auch das Licht eine große Rolle. Jede Verglasung nimmt einen Teil der Helligkeit weg. Um so wichtiger ist das regelmäßige Fensterputzen, besonders bei ganzjährig genutzten Häusern im Winter, wenn das Tageslicht von Natur aus schon ziemlich schwach ist. Das Putzen der Scheiben ist auch die einzige wirklich wirksame Maßnahme, der nicht auszuschließenden Algenbildung zuvorzukommen. Im Handel gibt es Mittel, die man dem Putzwasser zufügen kann.

Das rötliche Tier ist die Raubmilbe, die beiden schwarzen Tierchen dienen ihr als Nahrung, die gemeinen Gewächshaus-Spinnmilben.

Die rote Larve der Räuberischen Gallmücke auf der Jagd nach Nahrung. Sie ernährt sich in diesem Stadium ausschließlich von Blattläusen.

Auch das Desinfizieren benutzter Pflanzgefäße und Geräte ist notwendig. Tische und Regale dürfen dabei nicht vergessen werden. Über geeignete Präparate informiert der Handel.
Es kommt vor, daß der Boden im Gewächshaus stark von Krankheiten und Schädlingen verseucht ist. In solchen Fällen kann man die gesamte Erde austauschen oder man muß den Boden entseuchen. Dafür gibt es ein granulatähnliches Material, das in den Boden eingearbeitet wird und sich dort in ein Gas verwandelt. Es versteht sich fast von selbst – solche Maßnahmen können nur durchgeführt werden, wenn das Haus leer ist. Auch in diesem Fall müssen die Anweisungen des Herstellers und die Wartezeiten, bis das Haus wieder benutzt werden kann, unbedingt eingehalten werden.

Hochbeete: Gärtnern ohne Bücken

Zwar erfordert der Bau eines Hochbeetes einige Arbeit, der Nutzen hält jedoch jahrelang an. Die Ernte fällt reicher aus und verfrüht sich oft um zwei Wochen. Auch kann es Hanglagen ausgleichen.

Gartenarbeit ist ja schön und erholsam, wenn nur das ewige Bücken nicht wäre. Diese Klage hört man oft, besonders von älteren Gartenbesitzern. Gegen das dauernde Bücken im Garten gibt es aber ein probates Mittel: Das Hochbeet. Darauf gärtnert man bequem im Stehen oder sogar im Sitzen. Die Ideallösung für alle Gartenfreunde, die wegen ihres Rückens oder anderer Beschwerden sonst aufs Gärtnern verzichten müßten; zum Beispiel Rollstuhlfahrer.

Hochbeete haben noch einen zweiten großen Vorteil: Sie können, wo sonst Gärtnern gar nicht möglich wäre – etwa in Gartenhöfen oder auf Dachterrassen – den Gemüsegarten ersetzen. Auch kann man mit ihnen aus Gärten in Hanglage viel bequemer zu bearbeitende Terrassengärten machen. Und Hochbeete sind für sehr nasse Gärten zu empfehlen, bei denen Gemüseanbau sonst kaum möglich wäre.

Hochbeete sind Intensivkultur-Systeme, in denen – weil viel mehr Nährstoffe als auf einem normalen Beet vorhanden sind – alles besser und dichter wächst. Auf einem Hochbeet läßt sich die Ernte ca. zwei Wochen verfrühen und auf gleicher Fläche sogar fast verdoppeln. Ein Hochbeet ist eigentlich eine große, mit Erde und Kompost gefüllte Kiste, auf der in bequemer Reichweite, also in Tischhöhe, Gemüse und Blumen wachsen. Pflanzen, Unkraut jäten und ernten, alles kann man im Stehen oder auf der Kante des Beetes sitzend erledigen.

Im Gegensatz zum Hügelbeet, das nach einigen Jahren in sich zusammensinkt und neu angelegt werden muß, ist ein Hochbeet „eine Anschaffung fürs Leben". Auch hier wird die Erde verbraucht, aber man kann sie ja immer wieder ersetzen. Im Hochbeet ist es außerdem wärmer als im normalen Beet.

Der Standort, das Material

Der Platz, auf dem man das Hochbeet anlegt, spielt keine große Rolle. Er sollte aber möglichst sonnig sein. Am Hang konstruiert man das Hochbeet so, daß es möglichst nach Süden ausgerichtet ist. Die Größe eines Hochbeetes hängt von der Größe des Gartens ab. Normalerweise geht man von einer Breite von 1,20 m aus, dann läßt es sich leicht von beiden Seiten bearbeiten. Eine Höhe von 80 cm ist am praktischsten. Rund um jedes Hochbeet muß der Weg so breit sein, daß man bequem mit einer Schubkarre darauf fahren kann – und auch um die Ecken kommt!

Am schönsten sehen Hochbeete

Das Hochbeet ist vergleichbar mit einer sehr großen Holzkiste, die mit besonders nährstoffreichem Substrat angefüllt worden ist.

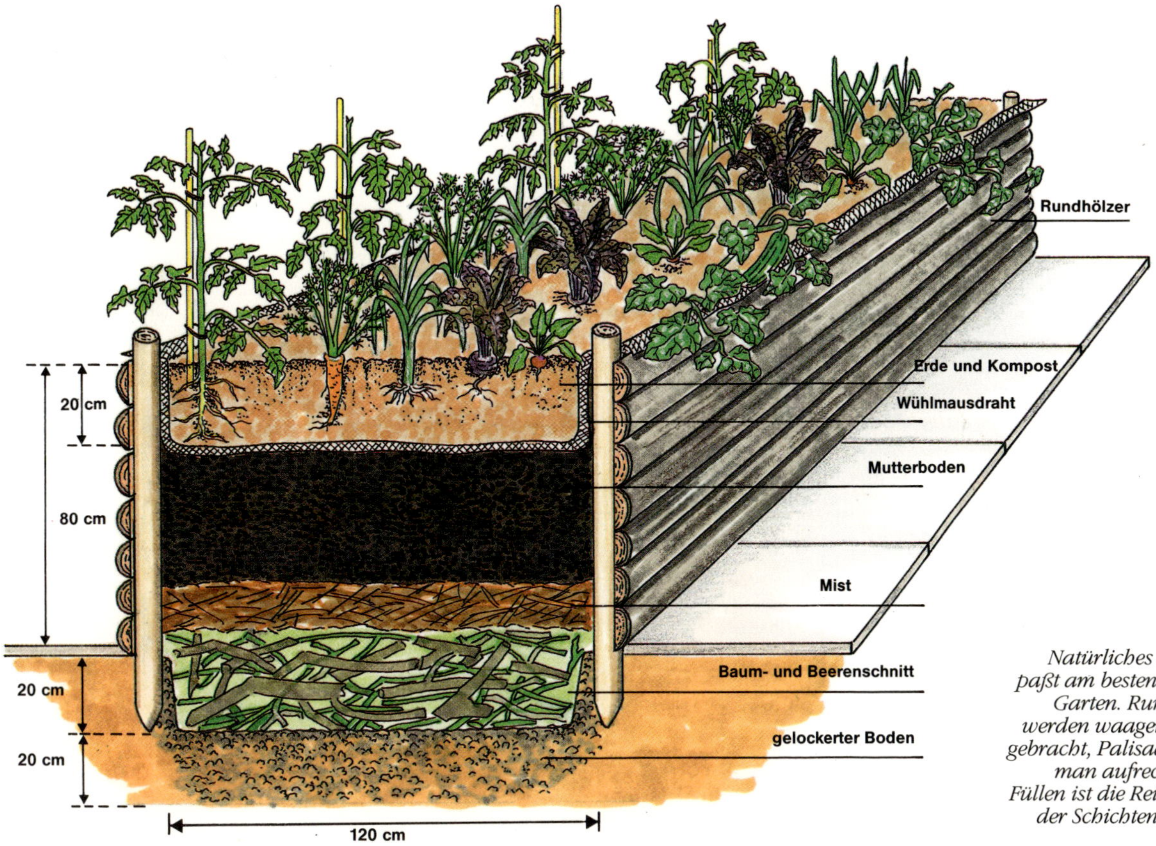

Natürliches Material paßt am besten in einen Garten. Rundhölzer werden waagerecht angebracht, Palisaden stellt man aufrecht. Beim Füllen ist die Reihenfolge der Schichten wichtig.

aus tiefdruckimprägnierten Palisaden aus. (Keine gebrauchten Eisenbahnschwellen nehmen!) Im Herbst gibt es „ab Wald" oft preiswert Rundhölzer zu kaufen, die man dann allerdings selbst imprägnieren muß. Dafür dürfen nur umweltfreundliche Produkte verwendet werden, weil sonst durch giftige Holzschutzmittel die wichtigen Bodenlebewesen im späteren Hochbeet abgetötet und die Kulturpflanzen geschädigt werden können.
Billiger als Rundhölzer sind Hohlblocksteine, die man nicht vermörteln muß, weil sie an den Seiten mit einer Art Nut versehen sind. Man stellt sie einfach aufeinander. Diese Steine speichern die Wärme im Hochbeet besser als Holz. Weil sie aber nicht besonders schön aussehen, kann man sie mit einem Lattengerüst verkleiden oder von Hängepflanzen überwachsen lassen.
Die unterste Reihe der Hohlblocksteine wird in die Erde eingegraben; noch besser ist allerdings ein Streifenfundament aus Zement. Rundhölzer werden im Kreuzverband wie bei einem Blockhausbau aufeinandergelegt und mit Rundeisen oder kräftigen Eckpfosten stabilisiert. Alternativen sind große „Kisten" aus dicken Brettern oder Wellplatten.

Der Boden
Zuerst hebt man an der Stelle, wo das Hochbeet entstehen soll, einen Spatenstich tief die Erde aus, es entsteht eine etwa 20 cm tiefe Grube. Darunter lockert man den Boden nochmals einen Spatenstich tief. Diese beiden Arbeiten sollten Sie vor dem Ausbau des Hochbeetes erledigen. Stehen die Wände des Hochbeetes, geht es weiter.
Etwa 30 cm hoch werden grob zerkleinerter Baumschnitt, die Zweige von Beerensträuchern und anderes holziges Material, das nur langsam verrottet, auf den Boden des Hochbeetes gelegt. Diese Schicht sorgt für eine gute Durchlüftung, Vorbedingung für eine erfolgreiche Rotte!
Auf die Holzschicht packt man eine dicke Schicht unreifen Kompost oder Mist – am besten Schafmist. Wenn man den nicht bekommen kann, nimmt man Pferdemist oder strohigen Kuhmist für den Hochbeetbau.
Auf diese nahrhafte Lage kommt Mutterboden bis 20 cm unterhalb des Hochbeetrandes. Die oberste Schicht besteht aus gut verrottetem Kompost, vermischt mit der Erde, die man am Anfang abgetragen hat.
In Gärten, in denen es Wühlmäuse gibt, legt man zwischen die oberste Erdschicht und den Mutterboden ein Drahtgeflecht. Gut geeignet ist sogenannter Kükendraht. Man zieht den Draht auch an den Seiten hoch, damit die Nager nicht an den Wänden entlang zu den begehrten Pflanzenwurzeln vordringen können.
Ist das Hochbeet fertig gebaut, kann es sofort bepflanzt werden. Baut man das Beet im Herbst, deckt man die Erde mit einer dicken Schicht Stroh ab, damit alle Materialien bis zum Frühjahr weiter verrotten können. Dabei wird sich der Inhalt des Hochbeetes etwas senken, das Niveau gleicht man im Frühjahr mit Kompost aus.
Hochbeete werden vorzugsweise mit Mischkultur bepflanzt, denn sie eignen sich wegen des nahrhaften Untergrundes besonders gut zu dichter Bepflanzung. Außerdem bieten sich die Ränder für Kulturen von hängenden Pflanzen an: Gurken, Erbsen, Erdbeeren usw.
Wer nur ein Hochbeet hat, muß sich bei der Bepflanzung nach der Besonnung richten: Tomaten und andere hohe Pflanzen kommen an die Nordseite, in die Mitte setzt man mittelgroße Pflanzen und an die Südseite niedrige. So nimmt keine Kultur der anderen Licht und Wärme weg.
Übrigens: Auf Hochbeeten lassen sich natürlich genausogut herrliche Sommerblumen ziehen!

Fruchtbare Hügel für das Gemüse

Die Hügelbeete sind keine Erfindung unserer Zeit. Schon im alten China kannte man ihre wachstumsfördernden Eigenschaften. Das Geheimnis ist einmal die bei der Verrottung entstehende Wärme und zum anderen das reiche Nährstoffangebot für die Pflanzen. Besser kann man Gartenabfälle kaum beseitigen.

So mancher Gartenbesitzer stöhnt im Herbst: „Wohin nur mit den Gartenabfällen?“ Denn im Herbst wird der Garten geputzt. Vertrocknete Pflanzen müssen entfernt, Hölzer geschnitten und das Laub vom Rasen gefegt werden. Packen Sie doch alles in ein Hügelbeet, dann sind Sie das Zeug nicht nur los, sondern haben es auch noch nutzbringend beseitigt. Denn auf Hügelbeeten wächst das Gemüse außerordentlich gut und üppig.

So wird's gemacht: Suchen Sie sich einen sonnigen Platz im Garten mit einer Fläche von 1,80 m Breite (es darf auch etwas weniger sein) und 3 bis 5 m Länge. In Nord-Süd-Richtung wird eine 10 bis 20 cm tiefe Mulde ausgehoben. Falls in der Umgebung Wühlmäuse ihr Unwesen treiben, sollten Sie den Boden sicherheitshalber mit einem feinen Maschendraht auslegen. Der Kern des Hügels ist nämlich ein etwa 50 cm breiter und 30 cm hoher Wall aus grob zerkleinertem Holz, Ästen und Zweigen, in dem viele kleine Hohlräume entstehen können, auf die es die Wühlmäuse abgesehen haben. Je fester Sie diese Schicht zusammendrücken, desto weniger Hohlräume entstehen. Auch der Geruch des Lebensbaums und des Holunderbusches soll die kleinen Nager fern-

So üppig und gesund wächst das Gemüse auf den Hügelbeeten. Im Vergleich zu einem flachen Beet mit gleicher Grundfläche kann sich der Ernteertrag verdoppeln.

halten. Falls diese Pflanzen in Ihrem Garten wachsen – tun Sie ein paar Zweige davon ins Hügelbeet.
Durchsetzen Sie dieses Gestrüpp mit angefeuchteter Erde. Als nächste Schicht kommen Staudenreste, Blätter (keine Eichen-, Kastanien- oder Nußbaumblätter, weil sie zu langsam verrotten und Gerbsäure enthalten) und andere kleinere Gartenabfälle (Stroh, Grassoden mit der grünen Seite nach unten, Wildkräuter usw.) auf den Hügel. Alle Schichten müssen immer gut festgeklopft werden. Die nächste Lage besteht aus halbverrottetem Kompost, gemischt mit frischen Küchenabfällen, und darüber kommt reifer Kompost oder mit organischem Dünger angereicherte Gartenerde.
Warum das alles? Das Geheimnis der besonderen Fruchtbarkeit des Hügelbeetes ist ein ganz natürlicher Prozeß: die Umwandlung – Verrottung – von Pflanzenabfällen in Erde, die dabei entstehende Wärme und Feuchtigkeit. Schwer verrottbares Material – grobe Holzreste – liegen ganz innen, leichter verrottende Reste darüber und obenauf Erde. Der Hügel sackt allmählich zusammen, ähnlich wie ein Komposthaufen. Ist das Beet ursprünglich 80 cm hoch, dauert es rund vier Jahre, bis alles Material zu Humus geworden ist. Die dabei entstehende Wärme ermöglicht einen früheren Anbau und auch eine frühere Ernte. Das Hügelbeet wirkt wie ein beheiztes Anzuchtbeet. Wer ein übriges tun will, kann das Beet mit einer mitwachsenden Folie bedecken.
Genauso wie das Innere eines Komposthaufens ist auch das Hügelbeet innen feucht. Gegen ein Austrocknen von außen hilft am besten eine bodendeckende Bepflanzung. Wenn es doch mal zu heiß ist, legt man oben auf das Beet einen alten Wasserschlauch, in den man einige Löcher gestochen hat. Der Hahn wird nur so weit aufgedreht, daß das Wasser ganz langsam in die Erde sickern kann. Kürzere Trockenperioden lassen sich auch mit dem bekannten Flaschensystem überbrücken: Im Abstand von einem Meter werden mit Wasser gefüllte Liter-Flaschen mit dem Hals in den Hügel gesteckt.
Das im Herbst neu gebaute Hügelbeet kann anschließend noch zum Anbau von Winterspinat genutzt werden. Es sollte auf keinen Fall ungeschützt bleiben. Wind und Regen waschen die recht dünne Erdschicht ab. Als Bodendecker kann jetzt noch Senf oder ein anderer Gründünger eingesät werden. Es reicht aber auch, das Beet mit Stroh oder Matten abzudecken.
Wer nicht das nötige Material für ein Hügelbeet zusammenbringt und keinen Wert darauf legt, daß das Hügelbeet mehrere Jahre überdauert, kann auf den harten Kern verzichten und statt dessen Strohballen verwenden. Sie werden gut mit Pflanzenjauche oder in Wasser gelöstem organischen Dünger getränkt und mit Kompostmaterial und möglichst unbelasteter Erde abgedeckt. In diesem Fall sollte die Erdschicht etwas dicker sein.
Am sinnvollsten ist es, das Hügelbeet nach den Regeln der Mischkultur zu bepflanzen (zum Schutz der Pflanzen vor Krankheiten und Schädlingen). Eine optimale Nutzung erzielt man aber erst mit vier Hügelbeeten, die man in vier aufeinander folgenden Jahren anlegt. Auf das jeweils jüngste Beet kommen stark zehrende Gemüse wie Tomaten, Salat, Sellerie, Lauch, Gurken oder Kohl, wobei die sonnenhungrigen Tomaten auf die Kuppe gepflanzt werden und der immer durstige Kohl an den unteren Rand des Hügels.
Auf dem ein Jahr alten Beet wachsen die Mittelzehrer wie Radieschen, Zwiebeln, Möhren, Rote Bete oder Rettich.
Im dritten Jahr werden Schwachzehrer angepflanzt, zum Beispiel Bohnen oder Erbsen, Feldsalat und Küchenkräuter.
Auf das vier Jahre alte Beet setzt man Kartoffeln oder Erdbeeren (bereits im dritten Herbst pflanzen). An seinem Platz wird dann im Herbst des vierten Jahres wieder ein neues Hügelbeet aus den Gartenresten aufgebaut. Alle Hügelbeete müssen im Winter abgedeckt werden.

Was darf nicht ins Hügelbeet?

Ein Hügelbeet ist ein „kultivierter Komposthaufen", darum sollten nur einwandfreie Pflanzenabfälle verwendet werden.

- *Ins Hügelbeet gehören keine kranken Pflanzen.*
- *Keine tierischen Abfälle (Fleisch/Milchprodukte).*
- *Keine Kohlenasche oder Asche von behandeltem Holz.*
- *Kein Papier und keine Pappe (Druckfarben).*
- *Kaffee- und Teereste, Obst und Speisereste werden am besten extra zu Kompost aufgesetzt und erst im verrotteten Zustand dem Hügelbeet zugefügt.*

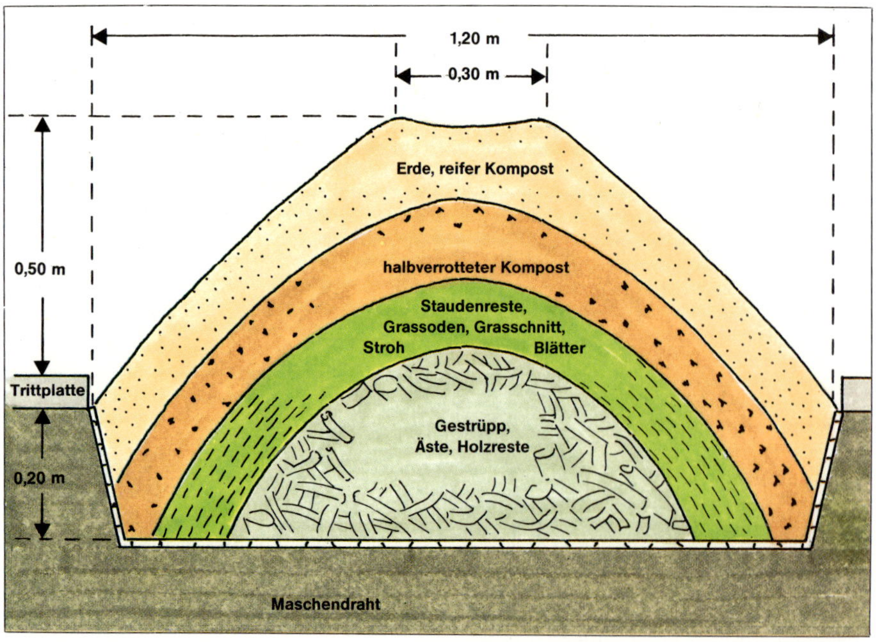

Der sorgfältige Bau eines Hügelbeetes ist ausschlaggebend für den späteren Erfolg. Wenn die Gegend bei Wühlmäusen beliebt ist, sollte man die Sohle unbedingt mit einem dichten Maschendraht auslegen. Nach vier Jahren ist das ganze Material des Hügelbeetes zu bestem Humus verrottet.

Zum Reinbeißen schön! Äpfel sind die Favoriten unter den Obstbäumen. Es gibt unendlich viele Sorten und Wuchsformen.

Süß und knackig: Obst aus dem Garten

Beerensträucher und Obstbäume sind nicht nur etwas für Naschkatzen. Die Gehölze haben auch einen hohen Zierwert und ökologischen Nutzen.

Obst für den kleinen Hausgarten

So schön ein großer, alter Baum auch ist, im Garten sprengt er meist den Rahmen. Unter den Obstbäumen gibt es heute jedoch Züchtungen, deren süße Früchte auch mit den Jahren noch in leicht erreichbarer Höhe wachsen.

Die Sauerkirschen-Sorte 'Morellenfeuer' trägt gut und stellt kaum Ansprüche an Boden und Klima.

Die Bäume, die in den Gärten unserer Großeltern standen, waren fast ausschließlich Obstbäume. Denn Ziergärten, wie sie heute üblich sind, gibt es noch gar nicht so lange. Dieser Trend, den Garten hauptsächlich als Raum für schmückende und möglichst exotische Pflanzen zu nutzen, verdrängte Apfel und Birne, Zwetschge und Kirsche aus den grünen Oasen hinter den Häusern. Vor allem Fichten und Tannen hielten Einzug, dunkel und düster, ein paar Laubbäume lockerten manchmal die Nadel-Wand auf. Doch jeder Trend wird irgendwann von einem neuen Trend überholt, und der heißt zur Zeit: Obstbäume.

Abgesehen von modischen Erwägungen, sich für Ziergehölze zu entscheiden, hatten die Obstbäume unserer Ahnen wirklich einen entscheidenden Nachteil: Sie wurden zu groß für die oft recht kleinen Gärten. Dieses Problem rief die Obstbaum-Experten auf den Plan. Im Laufe der Zeit gelang es ihnen, kleinwüchsige Obstbäume (vor allem Äpfel und Birnen) zu züchten, besser gesagt, zu veredeln. Ausschlaggebend für die Größe eines Obstbaumes ist nämlich die Unterlage, auf die das Edelreis aufgepfropft wird.

Der Fachmann unterscheidet zwei Methoden: die Veredelung auf einen aus einem Kern gezogenen Sämling und die Veredelung auf Typenunterlagen, die vegetativ vermehrt werden. Sämlingsunterlagen ergeben immer große Bäume mit breiten Kronen. Die heute für Apfelbäume gebräuchlichen Typenunterlagen wurden zu Beginn dieses Jahrhunderts in dem britischen Institut East Malling in der Grafschaft Kent entwickelt. Heute arbeitet dieses Institut eng mit einem anderen Unternehmen namens Merton zusammen. Aus East Malling kommen die Unterlagen M 9 und M 27 für die kleinwüchsigen Spindelbäume, M 26 wird etwas größer. Als mittelstark wachsend bezeichnet man Bäume auf den Unterlagen M 4, MM 106 und MM 111. „MM" bedeutet, daß die Unterlage von beiden britischen Instituten zusammen entwickelt wurde. Starkwachsend sind Bäume, die auf den Unterlagen M 11, MM 109 und A 2 (A steht für Ålnarpind/Schweden) veredelt wurden.

Birnbäume sind die Riesen unter den Obstbäumen. Die kleinen Gartenformen werden auf Quittenunterlagen veredelt, was allerdings einen Nachteil hat: Die Bäume sind frostempfindlich. Auch kann man nicht alle Birnensorten direkt auf Quitte veredeln, weil sie sich nicht miteinander vertragen. Der Fachmann muß deshalb zweimal veredeln. Auf die Quittenunterlage kommt zuerst meist die Birnensorte 'Gellerts' und danach diejenige Sorte, deren Früchte man ernten will.

Auch Süßkirschen wachsen in die Höhe und Breite. Sie werden auf F 12/1 und Colt veredelt, Unterlagen, die ebenfalls in East Malling entwickelt wurden.

Die großen Bäume wachsen meistens auf den Wurzeln der Wildform ***Prunus avium*** (Vogelkirsche). Diese Unterlagen verwendet man auch für Sauerkirschen.

Pflaumen, Zwetschgen, Mirabellen und Renekloden sind eine Familie. Beim Kauf des jungen Baumes sollte man sich vergewissern, ob er auf der Unterlage St. Julien A wächst. Alle anderen sind für kleinere Gärten weniger geeignet, es sei denn, man gibt sich mit nur einem Obstbaum im Garten zufrieden. Auch Pfirsiche und Aprikosen wachsen auf St.-Julien-A-Wurzeln (ebenfalls eine Entwicklung aus East Malling).

Obstbäume sollen viele Jahre im Garten stehen und möglichst reichlich Früchte tragen. Lassen Sie sich von einem Fachbetrieb beraten. In guten Baumschulen kann der Kunde bereits an der Farbe des Etiketts wichtige Eigenschaften des Baumes erkennen. Gelbe Etiketten bedeuten, daß der Baum virusgetestet ist gegen alle wichtigen Viren. Rote Etiketten besagen, daß die Pflanze virusfrei ist von allen bekannten Viren.

Eine Rolle für die Größe des Baumes spielt auch die Stammhöhe, mit der der Baum angeboten wird. Spindelbüsche oder Buschbäume sind 40 bis 60 cm hoch, die Höhe zwischen

80 und 100 cm nennt man Nieder- oder Meterstamm, Halbstämme sind 100 bis 120 cm hoch und Hochstämme 160 bis 180 cm.

Apfelbäume

Auf einen kleinen Apfelbaum muß kein Gärtner verzichten. Lehmiger, nährstoffreicher Boden, der gut mit Humus versorgt ist, eignet sich am besten. Stauende Nässe muß man unbedingt vermeiden. Apfelbäume brauchen eine höhere Luftfeuchtigkeit als andere Obstarten. Man soll sie deshalb nicht an einen Südhang pflanzen. Alle Apfelsorten sind selbstunfruchtbar, in der näheren Umgebung müssen also mehrere Apfelbäume stehen.

Als Spindelbüsche werden unter anderem angeboten:

'Stark Earlist' (Herkunft USA, bekannt seit 1944), mit gestreift bis flächig roten Bäckchen, süß-säuerlich im Geschmack. Baumreife (Erntezeit) und Genußreife Ende Juli bis Mitte Oktober. Der Apfel ist nicht lagerfähig. Regelmäßiger Schnitt notwendig.

'Klarapfel' (Herkunft Lettland um 1830), gelblichgrün, säuerlich im Geschmack, Baum- und Genußreife siehe oben, nicht lagerfähig. Kräftiger Schnitt notwendig.

'James Grieve' (Herkunft Schottland um 1860), schöne, alte Sorte mit rotgestreifter Schale, feinwürziges, saftiges Fruchtfeisch. Genuß- und Baumreife September, begrenzt lagerfähig. Sehr frosthart, regelmäßiger Schnitt notwendig. Wird meist auf M 26 und M 7 veredelt. Auf M 9 veredelte Bäume brauchen einen sehr guten Boden.

'Goldparmäne' (Herkunft Frankreich, 17. Jahrhundert), eine der ältesten, bekannten Sorten mit gelb-rot gestreifter Schale und würzigem, nußartigem, und besonders knackigem Fruchtfleich. Baumreife Anfang Oktober, Genußreife Oktober bis Dezember, lagerfähig. Zu dichter Fruchtansatz muß ausgelichtet werden, Krone ab und an verjüngen.

'Cox Orange' (Herkunft England um 1825), an der Sonnenseite rot, sonst grüngelb, Berostung an Kelch und Stiel, sehr süßes, würziges Fruchtfleisch. Der edle Tafelapfel wird Mitte Oktober geerntet. Genußreife Oktober bis Januar, gut lagerfähig. Muß regelmäßig geschnitten werden und ist sehr empfindlich, auch gegen kupfer- und schwefelhaltige Spritzmittel. Der 'Cox Orange' ist ein wenig schwierig wie jeder „Star".

'Ingrid Marie' (Herkunft Dänemark um 1910), an der Sonnenseite dunkelrot, das mürbe Fruchtfleisch schmeckt leicht säuerlich. Ernte Mitte bis Ende September, Genußreife Oktober bis März, sehr lagerfähig, beliebter Weihnachtsapfel, verliert aber mit der Zeit an Geschmack. Regelmäßiger Schnitt notwendig.

'Weißer Winterglockenapfel' (Herkunft wahrscheinlich Schweiz, Ende 19. Jahrhundert), glatte, gelbe Schale mit roten Sonnenbäckchen, erfrischender, herbsäuerlicher Geschmack. Ernte Mitte Oktober, Genußreife Januar bis Juni, ausgezeichneter Lagerapfel. Regelmäßiger Schnitt vor allem im Alter notwendig, sonst bleiben die Früchte klein.

'Roter Boskoop' (Herkunft Niederlande um 1860), rot mit gelben Tupfen, Schale berostet, erfrischender, süßsäuerlicher Geschmack, zuerst festes, später mürbes Fruchtfleisch. Baumreife Mitte Oktober, Genußreife November bis April, sehr lagerfähig. Bekommt eine ausladende Krone, regelmäßiger Schnitt notwendig.

Zu den alten Sorten gehören auch 'Prinz Albrecht von Preußen' (Schlesien 1865), 'Berlepsch' (Niederrhein um 1880), 'Ontario' (Kanada um 1820), 'Finkenwerder Prinzenapfel' (Mecklenburg und Altes Land um 1860) und andere.

Birnbäume

Birnen brauchen mehr Wärme als Äpfel. Späte Sorten sollte man nur in klimatisch günstigen Gegenden anbauen, es sei denn, man zieht sie als Spalier an einer Südwand. Ursprünglich haben Birnbäume tiefe Wurzeln und kommen auch mit Trockenperioden gut zurecht. Die auf Quitten veredelten Spindelbüsche sind jedoch Flachwurzler. Lehmiger, eher trockener Sandboden bekommt ihnen am besten. Auch Birnen sind selbstunfruchtbar und brauchen einen Partner in der näheren Umgebung.

Als Spindelbusch werden unter anderem angeboten:

'Clapps Liebling' (Herkunft USA um 1860), Ernte und Genußreife Mitte bis Ende August, nur wenige Tage haltbar. Gelblich, an der Sonnenseite rötlich, saftiges, süßes Fruchtfleisch. Regelmäßig auslichten.

'Gellerts Butterbirne' (Herkunft Frankreich um 1820), trockene, grünlichgelbe Schale, sehr saftiges, aromatisches Fruchtfleisch. Geerntet wird Mitte September. Auch diese Sorte darf man nur wenige Tage liegenlassen. Regelmäßig auslichten.

'Gute Luise' (Herkunft Frankreich um 1780), braunrot-grünliche Schale, sehr saftiges, süß-saures Fruchtfleisch, Ernte Mitte September, Genußreife Ende September bis Oktober. Diese Sorte kann bei ca. 0 Grad bis Januar lagern, braucht aber anschließend Temperaturen um 15 Grad, um ihr Aroma zu entfalten. Regelmäßig auslichten.

Sowohl als Busch und Spindelbusch, aber auch als Wandspalier eignen sich unter anderem 'Frühe von Trévoux' (Frankreich um 1860), 'Williams Christ' (England um 1770), 'Vereinsdechantsbirne' (Frankreich um 1850), 'Alexander Lucas' (Frankreich um 1870), 'Gräfin von Paris' (Frankreich um1890) und 'Madame Verté' (Belgien um 1910). Die beiden „Damen" werden Mitte/Ende Oktober geerntet und sind lagerfähig.

Quittenbäume

Diese schönen Bäume sind fast völlig in Vergessenheit geraten. Vielleicht liegt es daran, daß man die Früchte nicht roh verzehren kann. Die Bodenansprüche ähneln denen der Birne, der Standort sollte warm und

Im Gegensatz zu vielen Birnensorten ist die 'Gute Luise' einige Wochen lang gut lagerfähig.

geschützt sein. Quitten sind recht frostempfindlich und werden deshalb erst im Frühjahr geschnitten. Notwendig ist ab dem Ertragsalter nur noch ein Auslichtungsschnitt. Wegen der besonders schönen Blüten, einer attraktiven Herbstfärbung und der leuchtend gelben Früchte (die Pflanze ist selbstfruchtend) schmücken Quitten auch jeden Ziergarten. Die Bäume stammen ursprünglich aus Griechenland, sind aber schon lange bei uns bekannt.
Die Sorten unterscheidet man der Form nach in Apfel- und Birnenquitten. Für den Kleingarten geeignet sind 'Konstantinopeler', 'Champion', 'Portugiesische Quitte', 'Bereczki-Quitte' und 'Riesenquitte von Leskovac'. Alle werden Anfang bis Mitte Oktober geerntet, müssen aber noch mindestens bis Ende November lagern, bevor man sie zu Gelee, Saft und Quittenbrot verarbeiten kann.

Pflaumen, Zwetschgen, Renekloden, Mirabellen

Sie sind mit jedem guten Gartenboden zufrieden, der sogar etwas feucht sein darf. An einem sonnigen Standort werden die Früchte besonders süß. Es gibt selbstfruchtende und selbstunfruchtbare Arten.
Empfehlenswerte Pflaumensorten: 'Kirkes Pflaume' (selbstunfruchtbar) wird im September reif, 'Königin Viktoria' (selbstfruchtbar) reift schon Ende August, 'Ruth Gerstetter' (selbstunfruchtbar) kann bereits im Juni geerntet werden, 'Stanley' (selbstfruchtend) kann im September und Oktober geerntet werden.
Empfehlenswerte Zwetschgensorten: 'Bühler' (selbstfruchtend) reift in der zweiten Augusthälfte, 'Czar' (selbstfruchtend) ist Anfang August reif, 'Lützelsachser' (selbstunfruchtbar) kann bereits Mitte Juli geerntet werden. 'Zimmers' (selbstunfruchtbar) kommt ab Ende Juli vom Baum.
Empfehlenswerte Reneklodensorten: 'Große Grüne' (selbstunfruchtbar) reift Ende August, 'Quilins Reneklode' (selbstfruchtend) ist im August reif, 'Graf Althans' (rote Sorte, selbstunfruchtbar) reift ab Ende August.
Mirabellen benötigen besonders viel Wärme. Für unsere Breiten wird hauptsächlich die selbstfruchtende Sorte 'Nancy Mirabelle' empfohlen. Die Früchte sind Mitte August reif. Besondere Schnittmaßnahmen sind nicht notwendig. Alle Pflaumen werden gelegentlich ausgelichtet.

Kirschbäume

Kirschen sind für den Verbraucher in den vergangenen Jahren teuer geworden, die Produktion ist außerdem zurückgegangen. Grund dafür ist die arbeits- und dadurch kostenintensive Ernte. Schon aus diesem Grund lohnt es sich, einen Kirschbaum zu pflanzen.
Trotz aller Bemühungen ist es bei den Süßkirschen noch nicht gelungen, wirklich kleine Bäume zu züchten. Alle Süßkirschensorten sind selbstunfruchtbar und brauchen dazu noch ganz bestimmte Partnersorten in der Nähe. Bei den Sauerkirschen gibt es beide Möglichkeiten. Die Bodenansprüche sind gering. An einem sonnigen Standort werden die Früchte schmackhafter. Regelmäßig auslichten.
Für den Kleingarten geeignete Süßkirschensorten mit mittlerem Wuchs: 'Kassins Frühe' (Befruchtungspartner 'Große Schwarze Knorpelkirsche', 'Hedelfinger', 'Schneiders Späte Knorpelkirsche'), Reifezeit Mai bis Juni, 'Dönissens Gelbe Knorpelkirsche' (Befruchtungspartner 'Hedelfinger', 'Kassins'), Reifezeit Juni. Die beliebten, knackigen, schwarzen Knorpelkirschen wachsen alle auf recht großen Bäumen.
Wesentlich kleiner bleiben die Kronen von Sauerkirschen. Sie reifen im Juli und August. Die Bodenansprüche sind eher noch geringer als bei den Süßkirschen. Die Bäume wachsen auch noch gut in rauhen Gegenden. Für den Hausgarten sollte man selbstfruchtende Sorten wählen, das sind unter anderem 'Heinemanns Rubis', 'Köröser Weichsel', 'Morellenfeuer', 'Schattenmorelle'.

Pfirsichbäume

Leider ist diese beliebte Obstart extrem wärmebedürftig und wächst bei uns nur gut in den Weinanbaugebieten und als Spalier an einer Südwand. Der Pfirsichbaum braucht warme, lockere, humusreiche Erde und einen regelmäßigen Schnitt. Die meisten Sorten sind selbstfruchtend.
Beim Kauf sollte man unbedingt darauf achten, daß die Sorte wenig anfällig für die Kräuselkrankheit ist. Dazu gehören unter anderem 'Kernechter vom Vorgebirge' (Reifezeit Mitte September), 'Rekord aus Alfter' (Reifezeit ab Ende August), 'Roter Ellerstadter' (Reifezeit Mitte September), 'Anneliese Rudolph' (Reifezeit ab Mitte August), 'Dixired' (Reifezeit ab Anfang August).

Rund acht Jahre alt sind diese beiden Kiwisträucher, die sich in Freiburg an einer sonnigen Südgiebel-Wand in die Höhe arbeiten.

Aprikosenbäume

Noch wärmebedürftiger als der Pfirsichbaum ist die Aprikose. Sie blüht sehr früh und ist daher besonders frostempfindlich. Nur in klimatisch günstigen Weinanbaugebieten sollte man einen Aprikosenbaum pflanzen. Die Bodenansprüche ähneln denen des Pfirsichs. Alle empfohlenen Sorten sind selbstfruchtend: 'Aprikose von Nancy' (Reifezeit ab Ende Juli), 'Heidesheimer Frühe' (Reifezeit ab Anfang Juli), 'Ungarische Beste' (Reifezeit ab August).

Kiwistrauch

Recht neu in unseren Gärten ist dieser hübsche Kletterstrauch. Seine Heimat ist China, von dort kam er nach Australien und über diesen Umweg zu uns. Allerdings gedeihen auch Kiwis nur in Gebieten mit milder Witterung im Freien, ansonsten im Gewächshaus. Die Pflanzen sind zweihäusig, man muß also immer eine männliche Pflanze zu mehreren weiblichen setzen (männliche Blüten gelb, weibliche Blüten weiß). Sie brauchen guten, humosen Gartenboden, der nicht zu kalkhaltig sein darf, und ein Gerüst, an dem die Ranken angebunden werden. Sehr ertragreiche Sorten sind 'Bruno' und 'Hayward' (Ernte ab Ende Oktober). Gepflanzt wird im Frühjahr.
Kiwis brauchen während der Vegetationszeit viel Wasser, eine Mulchschicht hält die Erde feucht. Gedüngt wird wenig und auch erst ab dem zweiten Jahr nach der Pflanzung. Nach etwa vier Jahren werden die Sträucher geschnitten. Der richtige Zeitpunkt für den Sommerschnitt ist der August. Wenn die Früchte an der Basis des Frühjahrsaustriebes walnußgroß sind, schneidet man diesen Trieb nach dem sechsten Blatt oberhalb der Frucht ab. Dadurch entsteht eine gute Verzweigung, denn nur an den Verzweigungen der Pflanze bilden sich Früchte.
Beim Winterschnitt muß man auf das Gleichgewicht zwischen Ranken, aus denen sich Neutriebe bilden, und den Neutrieben vom vergangenen Jahr achten. Die Pflanzen brauchen einen Winterschutz.

Eine Pergola ist eine ausgezeichnete Rankhilfe für Wein. Sogar in Norddeutschland kann mit süßen Trauben gerechnet werden.

Weinstock

Ein Weinstock kann eine ganze Hauswand begrünen oder kahle Pergolen in gemütliche Lauben verwandeln und sogar im kühlen Norden an der Elbe süße Früchte tragen. Gepflanzt wird im April. Wichtig ist die Bodenvorbereitung, denn die Erde direkt am Haus ist meist nicht optimal. Das Pflanzloch sollte einen Quadratmeter groß und 40 cm tief sein. Den Boden lockert man zusätzlich mit einer Grabegabel. In das Pflanzloch gibt man zwei Hände kohlensauren Kalk und je 1 Kilo Thomasmehl und Kalimagnesia, vermischt mit Erde. Die Pflanze wird schräg zur Wand in die Grube gesetzt, wie alle Kletter- und Schlingpflanzen, wobei die Wurzeln mindestens 20 cm von der Wand entfernt sein sollen. Die Veredelungsstelle soll gerade noch über dem Boden sein. Nach dem Pflanzen muß gut gewässert werden. Der Hauswein braucht ein stabiles Gerüst.
Wein trägt nur an Jungtrieben, die aus dem zweijährigen Holz wachsen, deshalb kommt dem Schnitt besondere Bedeutung zu. Im ersten Jahr nach der Pflanzung Ende Februar/Anfang März kürzt man den hochgewachsenen Trieb zum ersten Mal etwa um die Hälfte. Dabei bleibt über der Knospe, auf die er zurückgeschnitten wird, ein etwa 2 cm langes Holzstück (Zapfen) stehen, um das Austrocknen der Knospe zu verhindern. Der Trieb, der im Frühsommer aus der Knospe wächst, wird gerade nach oben geführt, rechts und links zieht man Seitentriebe. Sie bilden das Gerüst, aus dem dann das Fruchtholz wächst. Auch diese Seitentriebe werden wie der Haupttrieb geschnitten. Die an dem alten Holz entstehende Wasserschosse entfernt man im Laufe des Sommers.
Im Winter wird der Wurzelbereich angehäufelt und zusätzlich mit Reisig geschützt. Im Frühjahr vor dem Austrieb düngt man mit Kompost und gut verrottetem Stallmist, bei Trockenheit wird öfter gegossen.
Für kühlere Gegenden geeignete Sorten: 'Perle von Csaba', 'Ortega' (beides helle Sorten), 'Früher blauer Burgunder', 'Früher Malinger' und 'Weißer und roter Gutedel'.

Obstbäume regelmäßig düngen

Den besten Erfolg erzielt man mit Kompost und verrottetem Stallmist (Alternative: Horn-Knochenmehl) und einem ständig gemulchten Wurzelbereich. Man gibt etwa 2–3 Handvoll pro Quadratmeter dreimal im Jahr, im März, im Juli und im Oktober/November. Gedüngt wird etwa einen Meter über die Kronentraufe (Umfang der Krone) hinaus.
Empfindlich gegen Kalk sind auf Quitten veredelte Birnen, Quitten, Pfirsiche und Aprikosen.

Begehrt und köstlich: Erdbeeren

Von diesen leckeren Früchten kann man gar nicht genug haben. Pflanzung und Pflege sind einfach. Erdbeer-Fans sei zu den neuen, mehrmalstragenden Sorten geraten, die viele Wochen immer wieder süße Beeren bringen.

Erdbeeren gehören zu den beliebtesten Beeren im Garten, vor allem wegen ihres herrlichen Geschmacks. Es darf aber nicht verschwiegen werden, daß sie besonders anfällig für Krankheiten sind. Das hängt zum Teil mit der Überzüchtung zusammen, durch die man immer größere Beeren erzielt. Wer aber alles richtig macht, kann sein Erdbeerbeet gesund halten.
Wichtig ist, daß man Pflanzen in einem Betrieb kauft, wo die Jungpflanzen entseucht wurden. Das heißt, die Wurzeln wurden so behandelt, daß sie die gefürchteten Fäulniskrankheiten nicht vom Vermehrungsbetrieb in den Garten des Käufers übertragen. Diese Pflanzen bleiben mit Sicherheit gesund. Von ihnen können Sie über Jahre hinweg immer wieder neue Jungpflanzen heranziehen.
Die Jungpflanzen werden auf ein gut vorbereitetes Beet gesetzt, je früher, desto besser. Wer Ende Juni bis Mitte Juli die neue Pflanzung anlegt, kann sicher sein, daß sich bis zum Winter die wichtigen Herzknospen bilden, die den großen Ertrag des nächsten Jahres garantieren. Je später gepflanzt wird – man kann noch im September Erdbeeren pflanzen – desto geringer wird aber die Ernte im nächsten Jahr werden.
Als Vorkultur für Erdbeeren eignen sich Kartoffeln und Bohnen, beide hinterlassen eine gare, gut durchlüftete Erde.
In die Erde wird halbverrotteter Kompost oder halbverrotteter Rindermist eingearbeitet, geeignet sind auch Knochen-Hornspäne und Erdbeer-Azet, ein Spezialdünger für Erdbeeren. In die Pflanzlöcher gibt man zusätzlich reifen Kompost und etwas Gesteinsmehl.
Die Jungpflanzen werden im Abstand von 25 cm gesetzt, die Reihen sollten 60 cm auseinander liegen. Das gibt noch genügend Platz für die Zwischenpflanzung von Zwiebeln oder Buschbohnen. Zwiebeln verbessern deutlich die Gesundheit der Erdbeeren, sie schützen vor allem vor dem gefürchteten Mehltau. Die Jungpflanzen setzt man so, daß das Herz nicht zu tief im Boden, aber auch nicht einfach ganz obenauf sitzt. Mit einer Mulchdecke schützt man die Pflanzen vor dem Austrocknen. Besonders geeignet ist Laubmulch oder Mulch mit hohem Holzanteil – etwa Sägespäne – aber auch Tannennadeln oder Stroh. Dieser Mulch schafft einen leicht sauren Boden, die Erdbeeren schmecken besonders aromatisch.

Erdbeeren vermehren

Anders als im gewerblichen Erdbeeranbau, wo man von den Pflanzen nur ein, bestenfalls zwei Jahre lang erntet, kann man im Garten von einem drei- bis vierjährigen Anbau ausgehen. Werden die Pflanzen älter, bringen sie keine befriedigenden Ernten mehr. Man wird also die Erdbeeren selbst vermehren. Das ist leichter als Sie meinen. Erdbeeren treiben lange Ausläufer mit mehreren Ablegern. Diese Ausläufer kommen schon während der Blüte. Sie nehmen aber der Pflanze die Kraft weg, die sie zur Ausbildung vieler und großer Früchte braucht. Also kneift man die Ausläufer immer wieder ab, weil man ja eine gute Ernte erzielen will.
Markieren Sie sich jedoch einjährige, gesunde Erdbeerpflanzen, die besonders reichlich wohlschmeckende Früchte tragen. Stecken Sie einfach einen kleinen Stock daneben. Im Mai oder Juni des folgenden Jahres treiben diese Pflanzen wieder neue

Mehrmals tragende Sorten

'Ostara' – große, aromatische Früchte; Ernte bis zum Frost; unempfindlich;
'Kingsize' (Klettererdbeere) – große, aromatische Früchte bis Oktober; auch gut in Kübeln auf der Terrasse oder dem Balkon anzubauen;
'Waldkönigin' – kleine, sehr aromatische Früchte; Kreuzung mit Walderdbeeren; die Pflanzen bilden keine Ausläufer; auch für Balkonkästen, Blumentöpfe und Kübel geeignet;
'Rügen', 'Ostara' – reicher Ertrag, aromatische Monatserdbeeren.

Die Mulchschicht aus Stroh verhindert einen Erdkontakt der Früchte und somit ein vorzeitiges Faulen. Außerdem bleibt der Boden immer gut feucht.

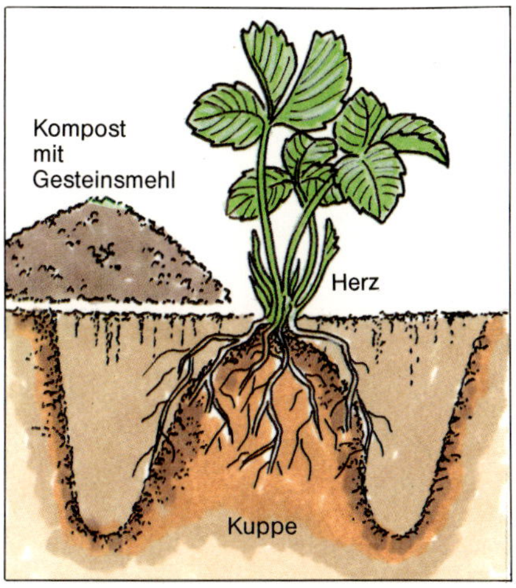

Die Pflanze wird auf eine kleine Kuppe gesetzt, das Herz bleibt knapp über der Erde.

Ausläufer während der Blüte.
Diesmal entfernen Sie jedoch die Blüten, damit die Kraft der Pflanze in die Ausläufer geht. Für den normalen Garten reicht es vollkommen aus, wenn man fünf bis acht Erdbeerpflanzen auf diese Weise für die Vermehrung reserviert.
Die beiden kräftigsten Ableger läßt man wachsen, die schwachen werden entfernt. Allerdings darf die Verbindung zur Mutterpflanze nicht unterbrochen werden. Mit kleinen Drahtbügeln hält man die Pflanzen am Boden fest. Im Spätsommer werden die Pflanzen dann an ihren endgültigen Standort gesetzt.
Man kann die kleinen Ableger auch in mit reifem Kompost gefüllte Blumentöpfe pflanzen – ohne die Verbindung zu unterbrechen. In dem nahrhaften Substrat bekommen die Minipflanzen sehr schnell ein dichtes Wurzelwerk. Nach etwa zwei bis drei Wochen können sie mitsamt dem durchwurzelten Kompostballen auf ein eigenes, gut vorbereitetes Beet gepflanzt werden.
In einem naturgemäß gepflegten Garten, wo die Erdbeeren gesund sind und kräftig gedeihen, kann man seine Erdbeerpflanzen über Jahre hinweg selbst vermehren. Man achte allerdings darauf, daß man Ableger immer nur von einjährigen Pflanzen nimmt.

Die richtige Pflege

Gegen Krankheiten der Erdbeeren kann man im Garten einfach und wirksam vorgehen. Einmal ist die richtige Vorbereitung des Bodens wichtig. Er darf auf keinen Fall mit Stickstoff überdüngt werden.
Sobald sich Anzeichen von Krankheiten zeigen – Grauschimmel, Lederfäule oder Fruchtfäule –, darf man nicht mehr vermehren. Die Anfälligkeit der Mutterpflanze wird an die Jungpflanze weitergegeben.
Gegen den gefürchtete Grauschimmel, der verstärkt bei feuchtem, kühlem Wetter auftritt, spritzt man vorbeugend mit Ackerschachtelhalmtee, Hornkiesel oder einem Fertigpräparat (Bio-S, Pilzvorbeuge).
Das Erdbeerbeet muß in der vollen Sonne liegen, und die Pflanzen dürfen nicht zu eng gesetzt werden. Gießen sollte man Erdbeeren nur am Morgen und nur am Wurzelbereich. Wenn man am Abend gießt, können die Pflanzen nicht mehr abtrocknen, der Schimmelbefall wird geradezu vorprogrammiert.
Ist die Erdbeerernte beendet, schneidet man die Pflanzen zurück, auch diejenigen, von denen man vermehrt hat. Alle Blätter werden entfernt bis auf die Herzblätter. Zwischen den Pflanzen wird das Unkraut entfernt, und bei schweren Böden sticht man rechts und links der Reihe im Abstand von 10 cm die Erde ab. Dieser Abstich fördert die Neubildung der Wurzeln und hält die Pflanzung jung und gesund.
In die so entstandene Furche gibt man Kompost oder – wenn man um diese Jahreszeit keinen mehr hat – mischt man die herausgestochene Erde mit Blut-Horn-Knochenmehl oder einem Spezial-Erdbeerdünger. So bekommen die Pflanzen die Nahrung, die sie brauchen, um sich von der Fruchtbildung zu erholen. Sie werden im nächsten Jahr dann wieder reichlich tragen.

Erdbeeren treiben lange Ausläufer, an denen sich mehrere kleine Ableger-Pflanzen bilden.

Einmal tragende Sorten

Frühreif:
'Gorella' – riesige, saftige, aromatische Früchte; robuste Pflanzen, nicht krankheitsanfällig;
'Elvira' – reich tragende Pflanzen; sehr widerstandsfähig gegen Schädlinge und Krankheiten; schon im ersten Jahr sind Spitzenerträge zu erzielen;
'Senga Pantagruela' – hoher Ertrag, anfällig für Grauschimmel;
'Karina' – sehr früh, mittlere Ernte, köstliches Aroma, kurze Erntezeit;
'Grandiosa' – große Früchte über dem Laub, verschmutzen nicht.

Mittelreif:
'Senga Sengana' – sehr bekannte Sorte; große, aromatische Früchte; gut geeignet zum Einfrieren; recht robust;
'Redgauntlet' – reich tragende Sorte; festfleischige, süße Früchte; sehr widerstandsfähig;
'Vigerla' – braucht guten Boden, sehr hoher Ertrag, mehltauanfällig;
'Georg Soltwedel' – mittlerer Ertrag, köstliches Aroma, hübsche Früchte;
'Sega Litessa' – mittlere Ernte, guter Geschmack, gut zum Einfrieren;
'Macherauchs Marieva' – alte, sehr aromatische Sorte.

Spätreif:
'Elsanta' – sehr ertragreich, feste, glänzende Früchte, sehr aromatisch; resistent gegen schlechtes Wetter und Krankheiten; einfach in der Pflege;
'Bogota' – große, sehr süße Früchte; sehr widerstandsfähig gegen Krankheiten;
'Tenira' – sehr hoher Ertrag, große Früchte, sehr schmackhaft, nicht krankheitsanfällig;
'Peltata' – sehr spät, hoher Ertrag, gutes Aroma, sehr robust, für biologischen Anbau geeignet. Gut zum Konservieren und Einfrieren;
'Mieze Schindler' – sehr alte Sorte, Brombeeraroma, rein weiblich, braucht eine zweite Sorte zum Bestäuben;
'Senga Dulcita' – sehr große Früchte, sehr aromatisch.

Die Schwarzen Johannisbeeren haben einen extrem hohen Vitamin-C-Gehalt, ca. 190 mg auf 100 g der Früchte. Zum Vergleich: In 100 g Saft der Zitronen stecken 51 mg Vitamin C.

Beeren mag keiner entbehren

Frisches Beerenobst ist eine Delikatesse, für die man im Laden tief in die Tasche greifen muß. Wer die richtigen Sorten wählt, kommt wochenlang in den Genuß dieser Früchte für den Preis des Pflückens.

Wer Beeren im Garten hat, kennt die Hektik, wenn alle zusammen reif werden: Da muß tagelang gepflückt, eingekocht und eingefroren werden – man kommt aus der Arbeit gar nicht mehr heraus.

Viel leichter kann man sich diese Arbeit machen, wenn man die Ernte auf mehrere Termine verteilt. Man pflanzt daher von jeder Beerenart frühe, mittelfrühe und späte Sorten an. Das hat noch einen Vorteil: Die Zeitspanne, in der man frisch vom Strauch Beeren essen kann, dauert zwei bis drei Monate, nicht nur wenige Wochen.

In rauhen Lagen sollte man allerdings auf frühe Sorten verzichten. Die frühe Blüte wird oft von den letzten Spätfrösten vernichtet, die Ernte fällt aus. Auch ist bei kühler Witterung die Befruchtung durch Insekten nicht gewährleistet – auch dann fällt die Ernte spärlich aus. Späte Sorten reifen dagegen auch in Höhenlagen, weil hier sonnige warme Herbstwochen die Regel sind. Brombeeren hingegen reifen in rauhen Lagen besser, wenn man die früheren Sorten wählt, hier liegt man in warmen Gegenden mit späten Sorten gut.

Weiße und rote Johannisbeeren

Standort: Möglichst sonnig, zwischen Obstbäumen, an Hängen, als Spalier oder Hecke, windgeschützt.

Boden: Nährstoffreicher, mittelschwerer Boden.

Pflanzzeit: Herbst und frühes Frühjahr. Empfehlenswert ist vor dem Pflanzen eine Gründüngung aus Lupinen, Gelbsenf, Inkarnaklee, Phacelia. Im Handel bekommt man diese Gründüngung (Samen) in verschiedenen Mischungen, je nach Beschaffenheit des Bodens. Wurzelunkräuter vor dem Pflanzen sorgfältig entfernen.

Pflanzabstand: 1,5 bis 2,5 m (Sträucher), 1 m (Stämmchen). Triebe um zwei Drittel zurückschneiden.

Frühe Sorten: 'Rondom' – guter Ertrag, sehr saftige Früchte, kräftige Sträucher; 'Heros' – kleine Sträucher, lange Trauben mit sehr großen Beeren, gut zum Frischessen; 'Red Lake' – Eigenschaften wie Heros; 'Jonkher van Tets' – sehr große Sträucher, kräftiges Aroma, sehr große Erträge; 'Weiße aus Jüterbog' – kleiner Busch, braucht wenig Platz, geringer Ertrag, aber sehr aromatische Beeren. Rote Sorten zum Befruchten dazusetzen.

Mittelfrühe Sorten: 'Traubenwunder' – Liebhabersorte, selten zu bekommen, sehr reich tragend mit besonders langen Trauben, die über mehrere Wochen geerntet werden können; 'Rote Vierländer' – alte Sorte, sehr große robuste Sträucher, Beeren besser zum Konservieren als gleich zum Frischessen; 'Rote Holländische' – alte Sorte, besonders für rauhe Lagen geeignet, reiche Erträge; 'Mirana' – Neuzüchtung, großer Ertrag, dunkelrote Beeren; 'Weiße Versailler' – sehr alte Sorte, besonders lange Trauben, großer Busch.

Vor rund 65 Jahren begannen die Versuche, Stachelbeeren und Johannisbeeren miteinander zu kreuzen. 1975 kam das Ergebnis in den Handel: die robuste Jostabeere.

Die Jostabeere

Sie ist das Kind der Schwarzen Johannis- und der grünen Stachelbeere und hat gute Eigenschaften beider Eltern geerbt. Sie zeichnet sich durch kräftiges Wachstum, reichen Ertrag, Genügsamkeit und Resistenz gegen Blattbefallkrankheit, Rost und Mehltau aus. Außerdem ist der Strauch ausgesprochen genügsam. Guter Gartenboden reicht ihm, saure Erde mag er nicht. Geben Sie ihm alle paar Jahre ein bißchen reifen Kompost.
Auch mit dem Schneiden haben Sie keine Probleme, weil der Busch am zweijährigen Holz trägt. Wenn Sie der Meinung sind, Ihr Jostabeerenstrauch sei mit der Zeit zu üppig geworden, können Sie ihn ein wenig auslichten. Er braucht einen Standraum von 1,5 m im Durchmeser und wird etwa 1,80 m hoch. Pflanzzeit: Frühjahr/Herbst.
Seine Früchte (er trägt ab dem 4. Jahr) sind ein wenig größer als Johannisbeeren und ein wenig kleiner als Stachelbeeren. Besonders positiv: Die Jostabeeren haben den hohen Vitamin-C-Gehalt der Schwarzen Johannisbeeren geerbt. In guten Jahren kann man pro Strauch bis zu 6 kg ernten. Und noch ein Vorteil: Dank der Resistenz gegen Krankheiten ist Spritzen unnötig. Wie bei den meisten Beerenarten gibt es auch Hochstämmchen, die das Pflücken erleichtern.

Späte Sorten: 'Heinemanns Rote Spätlese' – hoher Ertrag, hellrote säuerliche Beeren mit vielen Samen, gut für Marmelade (Sträucher mit Netzen vor Vögeln schützen); 'Makosta' – sehr große Beeren, dichte Trauben, robuste Sträucher.
Die frühen Sorten reifen Ende Juni, bei den späten zieht sich die Ernte bis in den August hinein.

Schwarze Johannisbeeren

Standort: Vertragen leichten Schatten, gedeihen auch in rauhen Klimazonen, geeignet als Spalier oder Hecke, windgeschützt.
Boden: Sie lieben etwas mehr Feuchtigkeit als ihre helleren Schwestern und nährstoffreichen, mittelschweren, humosen Boden.
Pflanzzeit: Herbst oder frühes Frühjahr.
Pflanzabstand: 1,7–2,2 m (Sträucher), 1,2–1,5 m (Stämmchen).
Frühe Sorten: 'Rosenthals Langtraubige Schwarze' – große, aromatische Beeren, sehr stark und breit wachsend; 'Silvergieters Schwarze' – dünnschalige, süße Früchte, aufrechter Wuchs; 'Weelington XXX' – mittelgroße Beeren, überhängender Wuchs, nur für frostsichere Lagen.
Mittelfrühe Sorten: 'Lissil' – große Beeren mit milder Säure, hoher, regelmäßiger Wuchs, gut geeignet für den Hausgarten; 'Roodknop' – große Beeren mit sehr hohem Vitamin-C-Gehalt, buschiger Wuchs.
Späte Sorten: 'Daniels September' – lockere Trauben mit mittelgroßen Beeren, hoher und regelmäßiger Wuchs; 'Baldwin Hillop' – starkes Aroma, hoher Vitamin-C-Gehalt.
Die Ernte der frühen Sorten ist Ende Juni, die späten kann man Ende Juli ernten. Schwarze Johannisbeeren mögen es, wenn sie zwischen roten und weißen Johannisbeeren stehen.

Stachelbeeren

Standort: Brauchen weniger Sonne als Johannisbeeren, geeignet als Hecken und Spaliere.

Stachelbeeren sind ein wenig aus der Mode gekommen, weil sich der Erwerbsanbau kaum lohnt. Grund genug, sich einen Strauch davon in den Garten zu pflanzen.

Boden: Kräftige, lehm- und kalkhaltige Erde.
Pflanzzeit: Herbst, frühes Frühjahr.
Pflanzabstand: Bei Büschen 1,5 m, bei Bäumchen 1,2–1,3 m.
Frühe Sorten: 'Hönings Früheste' – alte gelbe Sorte, sehr aromatisch, zum Frischessen, kaum mehltauanfällig.; 'Grüne Kugel' – alte Sorte, sehr große Sträucher, reichster Ertrag, kein besonderes Aroma, zum Einmachen geeignet, aber mehltauanfällig; 'Weißer Neckartaler' – weiße Früchte, sehr feiner Geschmack, leider mehltauanfällig; 'Maiherzog' – rote feine Früchte, großer Ertrag, für Hochstamm geeignet.
Mittelfrühe Sorten: 'Lady Delamere' – sehr robust, für rauhe Lagen geeignet, weiße Früchte, hoher Ertrag, aber mehltauanfällig; 'Weißer Triumph' – sehr alte Sorte, große Sträucher, gutes Aroma; 'Lauffeuer Gelbe' – keine sicheren Erträge, da frostanfällig, außerordentlich aromatisch, jedoch mehltauanfällig; 'California' – grüne Riesenfrüchte, gutes Aroma, für Hochstammzüchtung geeignet.
Späte Sorten: 'Rote Orleans' – große Büsche, dunkelrote, große Beeren mit gutem Geschmack, zum Frischessen geeignet; 'Roter Triumph' – reicher Ertrag, wohlschmeckende rote Beeren, zum Grünpflücken (Einmachen) gut geeignet, aber mehltauanfällig); 'Reflamba' – grüne Früchte, großer Ertrag, zum Frischessen und Konservieren; 'Rolanda' – rote Früchte, gutes Aroma; 'Rixanta' – gelbe Früchte, sehr große Sträucher, sehr aromatisch.
Es ist Geschmackssache, ob man weiße, grüne oder rote Stachelbeeren lieber mag. Zum Einmachen braucht man Sorten, die man grün

Himbeeren erfreuen sich besonderer Beliebtheit. Gute Erträge bekommt man allerdings nur, wenn man ihnen „Waldboden" und leichten Schatten bieten kann.

ernten kann. Die frühen Stachelbeeren reifen im Juni, die späten im Juli/August. Stachelbeeren sind sehr anfällig für Mehltau. Drei neue späte Sorten wurden jetzt gezüchtet, die mehltauresistent sind: 'Retamba', 'Rolanda' und 'Ritanta'.

Himbeeren

Standort: Mehr als andere Beerensträucher ist die Himbeere eine Waldpflanze geblieben. Sie liebt lichten Schatten, windgeschützte Plätzchen, macht sich gut als Hecke oder Spalier.
Boden: Durchlässige, lehmhaltige, leicht saure, feuchte Erde. Mit Nadelkompost erzielt man Waldboden-Charakter.
Pflanzzeit: Herbst, frühes Frühjahr.
Pflanzabstand: 40–60 cm, die Triebe werden bis 2 m lang.
Frühe Sorten: 'Preußen' – sehr aromatisch, zum Frischessen geeignet, anfällig für Himbeerrutenkrankheit, muß nach acht Jahren durch neue Pflanzen ersetzt werden; 'Deutschland' – alte Sorte, sehr gutes Aroma, anfällig für Himbeerrutenkrankheit; 'Malling Promise' – guter Ertrag, sehr süß, nicht krankheitsanfällig.
Mittelfrühe Sorten: 'Zefa 1' – gut für rauhe Lagen geeignet, da sehr winterhart, bringt viele Neutriebe; 'Zefa 2' – Neuzüchtung, sehr hoher Ertrag, sehr aromatische Beeren, auch für leichte trockene Böden geeignet; 'Selia' – hoher Ertrag, große aromatische Früchte, stark wachsend.
Späte Sorten: 'Schönemann' – bewährte Sorte, dunkelrote süße Beeren, treibt viele Wurzelschosse, kaum krankheitsanfällig; 'Himbostar' – sehr aromatisch, großer Ertrag, hat nur wenige Jungtriebe, aber die reichen aus, muß viel gegossen werden; 'Rucami' – hoher Ertrag, gutes Aroma, zum Einfrieren geeignet.
Mehrfachtragende Sorten: 'Korbfüller' – sehr wohlschmeckend, guter Ertrag, muß im November geschnitten werden; 'Shaffers Collossal' – gelblich-rosafarbene Beeren, geringer Ertrag, besonderes Aroma.
Bei guter Witterung setzt die Ernte der frühen Sorten Mitte Juni ein, die mittelfrühen fruchten Ende Juni/Anfang Juli, die späten können bis zum Oktober Früchte tragen.

Brombeeren

Standort: Brauchen etwas mehr Sonne als Himbeeren, geeignet für Hecken und Spaliere.
Boden: Wie Himbeeren.
Pflanzzeit: Frühjahr.
Pflanzabstand: Bei rankenden Sorten (im allgemeinen ertragreicher) 3–4 m, bei aufrechtwachsenden Sorten 1–1,5 m.
Frühe Sorten: 'Wilsons Frühe' – werden wie Himbeeren behandelt, reifen schon Ende Juli. Kleine süße Früchte, brauchen viel Wasser, sonst bleiben die Früchte zu klein; 'Black Satin' – stachellose Sorte mit feinem Aroma und gutem Ertrag.
Späte Sorten: 'Theodor Reimers' – alte bewährte Sorte mit bis zu 10 m langen stacheligen Ranken, viele saftige süße Beeren; wächst auf jedem Boden, etwas frostempfindlich, Ranken sollten im Herbst auf den Boden gelegt und abgedeckt werden; 'Thornless Evergreen' – stachellose Sorte, gutes Aroma, großer Ertrag, braucht Winterschutz; 'Thornfree' – ähnlich wie Thornless.
Brombeeren unterscheiden sich weniger durch frühe oder späte Ernte – die Reifetermine liegen nur drei Wochen auseinander. Der Unterschied liegt darin, ob sie Stacheln haben oder nicht. Die stachellosen Brombeeren haben geschlitzte Blätter und bilden nicht so lange Ranken wie die stacheligen Brombeersorten. Bei den neuen Sorten ist der Geschmack fast so aromatisch wie bei den stacheligen Brombeeren.

Gartenheidelbeeren

Der Anbau von Gartenheidelbeeren ist immer noch ein Experiment, das oft nicht gelingt. Die Sträucher brauchen einen sehr sauren Boden mit einem pH-Wert von 4–5, der im Garten nur schwer herzustellen ist. Man muß schon ein recht großes Loch für jede Pflanze graben, mindestens 1 m x 1 m und 50 cm tief. Gefüllt wird die Grube mit einem Gemisch aus Torf, saurem, humusreichem Waldboden und einem geringen Anteil Gartenerde. Der Abstand zwischen den Sträuchern soll etwa 150 cm betragen. Sie werden ein wenig tiefer gepflanzt, als sie in der Baumschule standen. Gartenheidelbeeren haben sehr flache Wurzeln, der Boden um die Pflanzen herum darf also nur vorsichtig bearbeitet werden. Kulturheidelbeeren sind sehr genügsam. Es reicht, ihnen im Frühjahr etwas Kompost oder verrotteten Stallmist zu geben. Geschnitten wird im Normalfall nicht. Nur überalterte Teile entfernt man ab und an.
Die Früchte reifen zwischen Juli und September je nach Sorte: 'Bluetta' (Mitte Juli), 'Bluecrop' (Ende Juli), 'Berkeley' (August), 'Herbert' (Ende August), 'Jersey' (September), 'Coville (September).

Ein Hoch auf den alten Hollerbusch

Einst wuchs Holunder fast überall. Wie viele alte Pflanzen geriet er in Vergessenheit. Dabei ist der Strauch mit weißen Blüten und schwarzen Früchten nicht nur ein schöner Anblick. Er ist rundum gesund.

Aus den überaus gesunden Holunderbeeren macht man Gelee, Saft oder auch leckeren Likör.

Mitte des Jahres ist der Holunder überall ein reich blühender und wundervoll duftender Blickfang. Aus Blüten und Beeren lassen sich herrliche Gerichte zubereiten. Vor allem aber ist der Holunder eine einzige „Apotheke": Blüten, Beeren, Blätter und Rinde – alles ist zu verwenden.

Die weißen Blütendolden des Schwarzen Holunders enthalten schweißtreibende Glykoside, ätherisches Öl, Rutin, Gerbstoff und viel Vitamin C. Der berühmte Fliedertee besteht aus getrockneten Holunderblüten, er senkt das Fieber und hilft bei Grippe, Husten und anderen Erkältungskrankheiten. Die reifen Beeren enthalten mehr Vitamin B als alle anderen Obst- und Beerenarten und viel Vitamin A und C. Saft von Holunderbeeren ist ein wahres Wundermittel zur Vorbeugung gegen winterliche Krankheiten, die auf Vitaminmangel zurückzuführen sind.

Auch Rinde und Blätter des Schwarzen Holunders sind heilkräftig, sollten aber von Laien nicht angewendet werden, da falsche Dosierungen zu Vergiftungen führen können. Tiere wissen instinktiv, daß Blätter und Zweige unbekömmlich sind – und sie werden zudem von dem kräftigen Geruch der Blätter abgestoßen.

Der Schwarze Holunder ist für den Menschen aber nicht nur Spender feiner und heilkräftiger Blüten und Früchte, sondern auch eine echte Bereicherung des Gartens. Man kann ihn ganz nach Lust und Laune als Baum, Busch oder Hecke ziehen. Möchte man einen Baum haben, läßt man nur die beiden stärksten Triebe stehen (fast alle Holunderbäume sind zweistämmig).

Möchte man lieber einen großen „Hollerbusch", läßt man ihn wachsen wie er möchte und nimmt immer nur totes Holz heraus. Mit den Jahren kann ein Holunder sehr groß werden. Man pflanze ihn also nicht zu nahe ans Haus oder an den Zaun zum Nachbarn. Holunder paßt sehr gut in eine Hecke mit anderen einheimischen Sträuchern – schließlich gedeiht er ja auch normalerweise wild überall an Waldrändern und in freien Feldgehölzen.

Wer Blüten und Früchte in der Küche verwenden will, sollte den Gemeinen Holunder ***(Sambucus nigra)*** pflanzen. (Es gibt davon zwar verschiedene Sorten – etwa 'Haschberg' oder 'Donau' – die sich aber für den Laien nicht erkennbar unterscheiden.) Man kann auch besonders riesenblütige Sorten ***(Sambucus canadensis)*** kaufen, deren Beeren man aber nicht essen sollte. Dasselbe gilt auch für den Trauben-Holunder ***(Sambucus racemosa),*** aus dessen roten Beeren man lediglich eine sehr wirksame Marmelade gegen Husten herstellen kann.

Apropos Holunderbeeren: Wenn man Saft, Marmelade, Likör, Wein, Kompott oder gar Saucen für Wildgerichte aus schwarzen Holunderbeeren zubereitet, muß man sie immer erhitzen. Roh genossen können die Beeren Übelkeit und Erbrechen auslösen, vor allem bei Kindern.

Holunder ist wohl die einzige Pflanze, deren Blüten für die Küche ebenso interessant sind wie die Früchte.

Aus Holunderblüten bereitet man Holundersekt, Limonade, Blütenzucker für Kuchen und die berühmten Holerküchel, bei denen die Blütendolde in Pfannkuchenteig getaucht und dann in der Pfanne ausgebacken wird. Sie sollten immer einen Vorrat an getrockneten Holunderbeeren haben. Sie helfen, langsam zerkaut, gut gegen Durchfall.

Die Ernte hängt vom Schnitt ab

Ein Obstbaum wird während seines ganzen Lebens immer wieder zurechtgestutzt und ausgeschnitten. Ziel ist in diesem Fall weniger die Schönheit. Durch den Schnitt steigert man den Ertrag.

Besonders Apfelbäume eignen sich für die Baumform einer Spindel. Da die Krone nur ca. 2 m breit wird, paßt diese Form auch gut für kleinere Gärten.

Bei Obstbäumen ist ein korrekter Schnitt unbedingt notwendig. Man unterscheidet vier Phasen: Pflanzschnitt, Erziehungsschnitt, Erhaltungsschnitt und Verjüngungsschnitt. Die einzelnen Phasen sind abhängig vom Alter des Baumes und in sich zum Teil unterschiedlich je nach Obstart. Ziel ist es, die Baumkrone so zu gestalten und zu erhalten, daß Sonne und Luft möglichst auch die inneren Äste erreichen.

Der Pflanzschnitt

In den Baumschulen werden dem Hobbygärtner meistens zwei- oder dreijährige Bäume angeboten. Der Pflanzschnitt wurde bereits durchgeführt. Denn vom ersten Lebensjahr an wird so ein Bäumchen zurechtgestutzt. In dieser Jugendphase legt man die Höhe des Stammes und auch schon die Form der Krone fest. Im ersten Jahr (immer gerechnet nach der Veredelung) bleiben nur ein Haupttrieb und drei, bei einigen Sorten vier Seitentriebe stehen, ebenso im zweiten Jahr. Die Seitentriebe sollen in unterschiedlichen Höhen aus dem Stamm wachsen und gleichmäßig um ihn herum angeordnet sein. Diese Schnittmaßnahmen wird der Laie selten durchführen müssen, und er sollte sie auch den Fachleuten in der Baumschule überlassen. Beim Kauf muß man sich allerdings danach erkundigen, ob die Grundlagen für eine Pyramidenkrone, einen Spindelbusch oder eine Spindel (Pillarbaum) gelegt wurden (längerer Mitteltrieb) oder für eine Hohlkrone (stark eingekürzter Mitteltrieb).

Und lassen Sie sich genau zeigen, welche Äste Sie bei der Pflanzung in Ihrem Garten im ersten Jahr entfernen müssen. Auch ein dreijähriger Baum besteht oft nur aus vier oder fünf dünnen Ästchen und sieht wenig vielversprechend aus. Lassen Sie sich aber nicht täuschen. Auch hierbei gilt der Satz: Wenig bringt mehr.

Zum Spindelbusch lassen sich Birn- und Apfelbäume erziehen. Die Kronen bekommen eine Ausdehnung von 2,5 bis 3 m.

Der Erziehungsschnitt:

Bei den weiteren Schnittmaßnahmen muß man immer berücksichtigen, daß senkrecht nach oben gerichtete Zweige zwar schnell wachsen, aber wenig ertragreich sind und daher ausgeschnitten werden. Waagerecht oder in leichtem Bogen nach unten gerichtete Äste (Fruchtbogen) wachsen langsam, entwickeln aber mehr Blütenknospen.

Nach der Jugendphase eines Baumes, in der er noch kaum Früchte trägt, beginnt die Zeit der steigenden Erträge. Der Baum wächst weniger schnell in die Höhe, dafür mehr in die Breite. Diese Phase kann je nach Unterlage (bestimmend für die endgültige Größe des Baumes) zwischen fünf und zehn Jahre betragen. Durch den Erziehungsschnitt werden der Mitteltrieb (entfällt bei Hohlkronen) und die seitlichen Leittriebe zu fruchttragenden Ästen erzogen. Diese Äste sollten im Idealfall in einem Winkel von 45 bis 90 Grad zur Senkrechten stehen. Oft bilden sich an einem Leitast beinahe gleichstarke Konkurrenztriebe, die allerdings meist innen fast gerade in die Höhe wachsen und entfernt werden. Manchmal wächst der neue Trieb auch an der Außenseite. In diesen Fällen sollte man den eigentlichen (senkrechter stehenden) Leitast schneiden, da der neue Trieb ein besseres Winkelverhältnis zum Stamm hat.

Es ist zu empfehlen, den Erziehungsschnitt zunächst einmal von einem Fachmann ausführen zu lassen. Schauen Sie dem Profi dabei ganz genau auf die Finger.

Abweichungen von der Regel

Schattenmorellen tragen fast nur am vorjährigen Holz. Deshalb ist bei diesem Obst ein Schnitt nach der Ernte im Sommer besonders wichtig.
Bei Pfirsichen hat sich die Hohlkrone in unseren Breiten gut bewährt, weil sie das meiste Licht und reichlich Sonne an das Innere des Astwerks läßt. Auch Pfirsiche tragen am vorjährigen Holz und sollten im Sommer geschnitten werden. Ein weiterer Schnitt sollte vor, während und kurz nach der Blüte erfolgen. Dabei werden vor allem die „falschen Fruchttriebe" bis auf 1–2 Knospen entfernt. Das sind kurze, schwächliche Triebe, an denen fast ausschließlich Blütenknospen sitzen. Es kommt dort auch zu einem Fruchtansatz, die Mini-Pfirsiche fallen jedoch schnell ab. Die „wahren Fruchttriebe" sind dicker und länger, an ihnen sitzen in einer Blattachsel immer drei Knospen – außen zwei runde Blütenknospen und in der Mitte eine spitze Blattknospe. Diese Triebe kürzt man um die Hälfte.
Auch bei schwächster Unterlage werden Birnbäume sehr groß. Deswegen sollte der Leittrieb von Beginn an kurz gehalten werden.
Pflaumen, Zwetschgen, Mirabellen und Renekloden tragen am zwei- und mehrjährigen Holz. Die Schnittmaßnahmen beschränken sich darauf, die Krone licht zu halten und einen übermäßigen Fruchtbehang zu vermeiden.
Besonders starkwüchsig sind auch Süßkirschen. Sie werden nach der Ernte ausgelichtet.

Der Erhaltungsschnitt

Hat der Baum seine endgültige Höhe erreicht, muß die einmal aufgebaute Krone erhalten werden. Im Leben eines Baumes nennt man die jetzt folgenden Jahre die Ertragsphase. Er wächst mehr und mehr in die Breite, die Äste biegen sich unter der Last der Früchte immer weiter in eine waagerechte Position. Durch gezielten Schnitt wird dafür gesorgt, daß der Baum nicht zu groß wird. Grenzen setzen oft benachbarte Bäume oder die Wand eines Hauses. In dieser Phase müssen sich Holz- und Fruchttriebbildung die Waage halten. Holztriebe nennt man den Teil des Geästs, der keine Blüten hervorbringt, Fruchttriebe sind die kleineren Äste, an denen die Blüten und später die Früchte sitzen. Besonders an weit ausladenden Ästen darf nicht zuviel Fruchtholz stehen, weil sie unter der Last der Früchte abbrechen würden. Ein weiteres Ziel des Instandhaltungsschnitts ist es, die Krone licht- und luftdurchlässig zu erhalten. Dazu müssen jedes Jahr die sogenannten „Wasserschosse" (senkrecht nach oben wachsende Geiltriebe) entfernt werden, ebenso sich kreuzende und aneinander reibende Zweige.

Der Verjüngungsschnitt

Diese Maßnahme wird nur bei Bäumen mit Pyramiden- oder Hohlkrone durchgeführt, die älter als 15 Jahre sind. Die Krone wird rigoros zurückgeschnitten. Da es sich meistens um recht große Bäume handelt, sollte man die Arbeiten durch einen Fachbetrieb ausführen lassen. Auch ist es ratsam, erst die Frage zu klären, ob sich diese Maßnahme überhaupt noch lohnt. Denn auch das Leben eines Obstbaumes ist begrenzt. Durch diese Radikalkur kann zwar der Ertrag noch einmal gesteigert werden, aber nicht bis in alle Ewigkeit.

Die Schnittermine

Die geeigneten Schnittzeiten hängen von der Phase des Baums ab und von der Obstart, aber auch von dem Ziel, das man erreichen will. Der wichtigste Schnitt ist der Winterschnitt. In dem blattlosen Zustand erkennt man am besten, wo geschnitten werden muß. Der geeignete Monat dafür ist der Januar (bis –4 Grad). Frühaustreibende Obstarten (abgesehen von Pfirsichen und Kirschen) können bereits ab November geschnitten werden. Der Winterschnitt regt das Wachstum an.
Will man einen Baum im Wachstum bremsen, verschiebt man den Schnittermin auf den Februar. Zu diesem Zeitpunkt hat der Saftstrom bereits wieder die äußeren Teile des Baumes erreicht. Schneidet man ihn zu diesem Zeitpunkt, geht viel von der Kraft verloren.
Der Sommerschnitt ist im allgemeinen nur ein Ergänzungsschnitt. Er begünstigt die Größe der verbleibenden heranreifenden Früchte und fördert bereits zu diesem Zeitpunkt die Ausbildung der Fruchtorgane für das nächste Jahr. Generell wird dadurch aber das Wachstum des Baumes gebremst. Der geeignete Zeitpunkt für diese Maßnahme ist der August.
Bei Pfirsichen und Kirschen kann man den Winterschnitt durch einen Sommerschnitt ersetzen, der unmittelbar nach der Ernte durchgeführt wird. Ein Vorteil des Schnitts zu diesem Zeitpunkt liegt auch darin, daß die Schnittwunden besser verheilen.

Bei Pyramidenkronen wachsen drei bis vier kräftige Äste aus einem Punkt. Sinnvoll sind Pyramiden-Hohlkronen, bei denen der Mittelast fehlt.

Beeren von Busch oder Hecke

Für Beerensträucher gelten recht unterschiedliche Schnittregeln, weil die Pflanzen entweder am einjährigen oder am zweijährigen Holz blühen und später die süßen Früchte tragen.

Auch Beerenobst kommt unter das Messer. Die süßen Früchte sind bei allen Hobbygärtnern sehr beliebt und finden auch in kleinen Gärten ein Plätzchen.
Bei Johannisbeeren läßt man gleich beim Pflanzen nur etwa fünf Triebe stehen, die auf ein Drittel eingekürzt werden. Rote und weiße Johannisbeeren sollten später 8 bis 12 gut verzweigte Triebe haben. Man schneidet ab dem vierten Standjahr nach der Ernte ältere Triebe heraus, die man am dunkleren Holz erkennt. Etwa die gleiche Anzahl Neutriebe läßt man stehen, alle übrigen werden dicht über dem Boden geschnitten. Bei schwachwüchsigen Sorten werden die Triebe im Winter um etwa ein Drittel eingekürzt. Diese Johannisbeer-Arten tragen am besten am zwei- bis dreijährigen Holz.
Schwarze Johannisbeeren dagegen bekommen die meisten Früchte am einjährigen Holz. Man schneidet deshalb gleich nach der Ernte alle abgeernteten Triebe kurz über dem Boden ab.
Für Stachelbeeren gelten die gleichen Schnittregeln wie für rote Johannisbeeren. Auch Jostabeeren, eine Kreuzung zwischen beiden, zählen zu dieser Gruppe.
Mehr eine optische Bereicherung des Gartens sind die Johannisbeer- und Stachelbeer-Hochstämmchen. Der Ertrag ist oft geringer als bei den Büschen. Auch sie werden nach der Ernte geschnitten und sollten ebenfalls rund ein Dutzend kräftige, unterschiedlich alte (bis fünf Jahre) Äste besitzen.
Der Schnitt von Himbeeren – sie brauchen übrigens ein Spalier aus Drähten – beginnt gleich bei der Pflanzung. Die Ruten werden auf ungefähr 40 cm eingekürzt. Ansonsten ist der Schnitt einfach. Nach der Ernte entfernt man die abgetragenen Ruten dicht über dem Boden. Diese Triebe sterben zwar sowieso ab, läßt man sie jedoch stehen, wird aus den Pflanzen bald ein Dickicht aus abgestorbenen und neuen Trieben. Pro Pflanzmeter sollen ungefähr 8 bis 12 Triebe wachsen. Wenn nötig, müssen auch die schwächsten Jungtriebe entfernt werden.
Bei zweimal tragenden Himbeeren werden im Winter oder im zeitigen Frühjahr alle Ruten abgeschnitten.

Für schwarze Johannisbeeren gelten besondere Regeln. Man schneidet gleich nach der Ernte die diesjährigen Triebe (oben rot gezeichnet) ab.

Von den Jungtrieben entfernt man dann im Juni alle bis auf die 8 bis 12 kräftigsten pro Meter.
Etwas mehr Arbeit und Aufmerksamkeit erfordern Brombeeren. Nach der Pflanzung – im Herbst oder im Frühjahr – wird nicht geschnitten. Auch Brombeeren brauchen ein Spalier aus Spanndrähten, an denen die Ruten hochgebunden werden. Im ersten Sommer, in den Monaten Juli und August, werden alle Geiztriebe auf ein bis drei Augen eingekürzt. Diese Mühe muß man sich in diesen Wochen dreimal machen, weil sonst in kurzer Zeit ein undurchdringliches Gewirr entsteht. Die Ernte, besonders bei stacheligen Sorten, würde fast unmöglich.
Brombeeren tragen am zweijährigen Holz. Nach der Ernte werden die Tragruten bis kurz über dem Boden abgeschnitten. Zum Schutz des Nachwuchses läßt man die abgeschnittenen Ruten am Spalier und entfernt sie erst mit dem Frühjahrsputz. Man läßt dann die sechs kräftigsten Triebe stehen und bindet sie an den Drähten fest. Zu lange Ranken werden zurückgeschnitten. Bei einigen Sorten können sie bis zu 10 m lang werden.
Es gibt zwei Möglichkeiten, Ordnung in das Rankensystem zu bekommen. Im Frühjahr bindet man alle Tragruten nach rechts und die nachwachsenden Jungtriebe nach links. Oder man bindet die Tragruten an den ersten und dritten Draht und die Jungruten an Draht zwei und vier. Beim Schnitt nach der Ernte weiß man so immer, welche Rute dran ist.

Ein Spalier an der Hauswand oder auch freistehend (etwa als Hecke) ist die beste Rankhilfe für Brombeeren. Die Triebe werden nach Alter sortiert, das schafft ein wenig Ordnung in das Gewirr.

Für die Küche mit Pfiff: Kräuter aus dem Garten

Kräuter erfreuen sich immer größerer Beliebtheit. Sie verfeinern fast jede Speise, sind gesund und eine echte Zierde im Garten.

Basilikum gibt es mit roten und mit grünen Blättern. Das aromatische Kraut braucht einen sehr warmen Platz im Garten.

Tradition seit der Steinzeit

Thymian, Majoran und Co. verdienen einen Ehrenplatz in jedem Garten. Denn über sie kann man nur Gutes sagen. Die Küchenkräuter nützen anderen Pflanzen, heilen Leiden und verfeinern Speisen.

Die Geschichte der Kräuter ist uralt. Erste Spuren führen zurück bis in die Jungsteinzeit, erste Überlieferungen sind uns erhalten aus China, Mesopotamien, Indien, Ägypten. Schon vor vielen tausend Jahren kannte man Kümmel und Koriander, Lorbeer und Thymian, Minze und Zwiebeln, Dill, Fenchel und viele mehr.
Ordnung in das Wissen um die Heilkräuter und Gewürzpflanzen brachten die Griechen und Römer. Der Urvater der abendländischen Medizin, Hippokrates (460–337 v. Chr.), war ebenso ein Kräuter-Freak wie Dioskurides (1. Jh. n. Chr.), der in einem umfassenden Werk bereits 600 Pflanzen beschrieben hat – mit einer Genauigkeit, die auch heutige Kräuter-Experten verblüfft. Aber nicht nur die Wissenschaftler kümmerten sich um die Kräuter. Schon damals waren sie Bestandteil der feinen Küche. Von den üppigen und raffinierten Festessen des römischen Feldherren Lucullus spricht man schließlich noch heute. Und die Schönen aller Jahrtausende wußten mit den Duftstoffen der Kräuter umzugehen und Wirkung zu erzielen.
Als die Römer über die Alpen zogen, brachten sie den Barbaren im Norden auch die feine Lebensart mit, unterstützt von den Mönchen, die neben dem Christentum auch Ableger aus den italienischen Klostergärten im Gepäck hatten.
Ein großer Verehrer der Kräuter muß auch Karl der Große gewesen sein. Auf seinen Landgütern an Rhein und Mosel ließ er unter anderem Salbei, Kresse, Schnittlauch, Rosmarin, Kümmel, Anis, Dill, Liebstöckel, Sellerie, Fenchel, Koriander, Kerbel,

Der klassische Kräutergarten ist in einzelne Beete unterteilt. Dieses Musterbeispiel wächst in England.

Knoblauch und Zwiebeln anbauen. Aber erst die Erfindung der Buchdruckerkunst brachte die Kräuter unter die Leute. Sie blieben nicht länger hinter den Klostermauern verborgen. Viele bedeutende Kräuterbücher entstanden, deren Exaktheit der Beschreibung von Art und Anwendung bis heute kaum übertroffen worden ist. Und immer hatten die aromatischen Pflanzen ihren Platz im Garten und in der Küche.
Was früher praktische Erfahrung war, bestätigt heute die chemische Analyse: die Wirkung der Heil- und Gewürzpflanzen. Denn jedes Kraut besitzt Heilkräfte, auch diejenigen, die als Würze unsere Speisen verfeinern. Der Magen freut sich über Basilikum, die Verdauung klappt besser mit Ysop, der Kreislauf stabilisiert sich dank Rosmarin, und die Nerven hören auf zu zappeln, wenn etwas Melisse im Salat ist. Frisch gepflückt schmecken und wirken sie am besten. Und für ein Kräutergärtlein ist fast in jedem Garten ein Plätzchen übrig. Der Standort muß windgeschützt sein und sonnig, denn die Heimat der meisten Kräuterpflanzen ist Südeuropa. Kräuter bevorzugen meist eher leichten, mageren Boden mit einer guten Entwässerung. Übrigens: Wo Lavendel gedeiht, wächst auch fast jedes andere Kraut. Den Boden am besten im Herbst vorbereiten. Tiefgrundig lockern, aber nicht umgraben, entweder Gründung einsäen oder mulchen. Im Frühjahr ausgereiften Kompost dazugeben.

Die Kräuterspirale

Ihren Heimatländern entsprechend haben unsere Küchenkräuter völlig unterschiedliche Ansprüche an Boden und Standort. Mit einer Kräuterspirale wird man allen Wünschen gerecht. Die aus Natursteinen aufgeschichtete Mauer bietet außen zusätzlich vielen typischen Steingartenpflanzen einen Lebensraum und ist eine optische Bereicherung für jeden Garten.
Je nach vorhandenem Platz kann die Spirale einen Durchmesser von zwei bis drei Meter haben. Die Höhe sollte 80 cm nicht überschreiten, damit man überall gut heran kann. Den Innenraum des höchsten Bereichs füllt man gut zur Hälfte mit grobem Schotter oder auch Bauschutt, der besonders gut geeignet ist, weil er alkalisch reagiert. Und gerade die Pflanzen für den oberen Teil brauchen kalkhaltigen Boden.
Den kleinen Kreis füllt man dann mit magerem Boden und endet am kleinen Teich mit guter Gartenerde und Kompost. Für den Teich kann man ein vorgefertigtes Plastikbecken verwenden.

Kräuter vorsichtig düngen

Im Gegensatz zu vielen anderen Pflanzen ist bei den Gewürzkräutern ein üppiges Wachstum kein Zeichen von guter Qualität. Wenn das Küchenkraut ins Kraut schießt, wurde zu viel gedüngt, große Blätter haben weniger Aroma. Und darauf kommt es ja an. Kräuter niemals mit frischem Mist oder Jauche düngen, nur mit einer Mischung aus Horn-, Blut- und Knochenmehl oder Pflanzenjauche, die auch gleichzeitig Schädlingen vorbeugt.
Auf keinen Fall sollten Sie Ihre Küchenkräuter mit giftigen Chemikalien behandeln. Schließlich kommen die Kräuter frisch auf den Tisch.
Es gibt viele Möglichkeiten, ein Kräuterbeet anzulegen. Man kann einen Kräuterhügel bauen, einen klassischen Kräutergarten en miniature anlegen. Sehr günstig ist auch ein Streifen entlang des Hauses, wo die Wände die Wärme des Tages noch am Abend zurückstrahlen. Das einfachste aber ist ein langes schmales Beet in Ost-West-Richtung.
Bei der Bepflanzung des Beetes muß man die unterschiedlichen Ansprüche berücksichtigen (sonnig oder halbschattig, ganz magerer Boden oder nahrhafter Boden). Auch die zu erwartende Höhe der Pflanzen spielt eine Rolle. Die Großen dürfen den Kleinen weder Luft noch Licht wegnehmen.
Man sollte Kräuterpflanzen niemals zu früh ins Freie setzen – auch wenn die Ungeduld noch so groß ist! Die meisten Gewürzpflanzen stammen aus dem Mittelmeerraum, und dort ist es nun mal wärmer als bei uns. Wenn man Ende Mai/Anfang Juni kräftig entwickelte Setzlinge beim Gärtner kauft und einsetzt, hat man die Gewähr, daß sie gut anwachsen und sogar schneller erntereif sind als die Setzlinge, die man mühsam durch die letzten kalten Nächte des Mai gebracht hat.
Ungeduldige überdachen das Kräuterbeet mit einem Folientunnel, der tagsüber gelüftet und nachts geschlossen wird. In höheren Lagen, wo rauhe Winde wehen, wird man den Folientunnel gar nicht erst in den Keller schaffen. Vor allem für die einjährigen Kräuter wird man ihn unter Umständen den ganzen Sommer über brauchen. Wer die Mühe scheut, ein Kräuterbeet anzulegen, kann z.B. Thymian, Lavendel und Rosmarin im Steingarten, Liebstöckel und Borretsch zwischen Rosen, Dill und Bohnenkraut an die Ränder der Gemüsebeete pflanzen.

Sie sorgen für den guten Geschmack

Ihre volle Würzkraft entfalten Küchenkräuter nur, wenn man ihre Standortwünsche und Bodenansprüche erfüllt. Die meisten brauchen viel Sonne, aber wenig Dünger. Viele blühen so schön, daß sie auch eine Zierde sind.

Basilikum

(Ocimum basilicum)

Das überaus würzige und stark riechende Kraut stammt aus Ostindien. Über das alte Ägypten und Griechenland gelangte es nach Rom. In Mitteleuropa schätzt man die Würz- und Heilkraft des Basilikums seit dem 12. Jahrhundert.
Der Pflanze wurden wahrhaft teuflische Kräfte unterstellt. Hartnäckig hielt sich das Gerücht, daß aus zerriebenen Blättern, unter einem Topf aufbewahrt, nach einiger Zeit Skorpione wachsen. Basilikum hatte aber auch Freunde, die seine positive Wirkung auf Mut und Verstand rühmten und davon überzeugt waren, es würde dem Körper Gift entziehen und schwere Gedanken vertreiben.
Anbau: Bei uns ist das zur Familie der Lippenblütler gehörende Basilikum einjährig, in seiner Heimat zweijährig. Der Grund: Die Pflanze ist extrem kälteempfindlich. Der Boden muß locker, humos, warm und leicht sandig sein. Ein gleichmäßiges Bodenklima erreicht man am besten durch eine Bodendeckung aus reifem Kompost. Nur wenn Sie für Ihr Basilikum einen sehr warmen, windgeschützten Standort wählen, wächst und gedeiht das Pflänzchen. Von den rund 60 Sorten eignen sich nur zwei für unser Klima: das kleinblättrige Basilikum (niedrig und buschig) und das großblättrige oder löffelblättrige Basilikum (wird bis zu 40 cm hoch).
Die Aussaat erfolgt im März/April in Kästen oder Töpfen auf der Fensterbank oder im Gewächshaus. Basilikum ist ein Lichtkeimer, die Samen dürfen nur angedrückt, aber nicht mit Erde bedeckt werden. Die Keimzeit beträgt 10 bis 14 Tage.
Erst nach den Eisheiligen kommen die Pflanzen ins Freie (im Abstand von 25 cm). Wenn Sie den Mitteltrieb abknipsen, werden die Pflanzen buschiger. Basilikum braucht immer ausreichend Wasser, auch während der Keimzeit. Es lohnt sich kaum, Samen zu ernten – sie werden in unserem Klima nur sehr selten reif. Im Gegensatz zu den meisten anderen Kräutern läßt sich Basilikum auch gut in Töpfen auf der Fensterbank kultivieren.
Ernte: Kurz vor der Blüte schneidet man einzelne Blätter oder ganze Triebe bis auf zwei Blattpaare ab, verwendet sie frisch oder hängt sie zu kleinen Sträußen gebündelt zum Trocknen auf. Die Blätter danach abstreifen und zerbröseln, dunkel und luftdicht aufbewahren. Basilikum verliert schnell seine Wirkung. Wer ein Gewächshaus oder genug Platz auf der Fensterbank hat, kann laufend neu aussäen und ernten.

Bohnenkraut

(Satureja hortensis)

Die Heimat des würzigen Küchenkrauts ist der östliche Mittelmeerraum und die Gegend um das Schwarze Meer. Auch dieses Pflänzchen hatten die Benediktinermönche im Gepäck, als sie über die Alpen kamen. Sie entdeckten die blähungstreibende (karminative) Wirkung und würzten damit die blähungsverursachenden Bohnengerichte. Das Kraut erfreute sich großer Beliebtheit und zählt zu den wenigen Gewürzkräutern, denen nie Böses nachgesagt wurde.
Weil Bohnenkraut leicht zu kultivieren ist und schon immer in jedermanns Garten wuchs, nannte man es „Gewürz der armen Leute".
Anbau: Der einjährige Lippenblütler ist anspruchslos, freut sich jedoch über lockeren, humosen, tiefgrundigen Boden. Wie viele andere Gewürzkräuter auch, braucht Bohnenkraut einen sonnigen Standort. Sobald die Pflanze ausgewachsen ist, sparsam gießen. Bohnenkraut übersteht auch Trockenperioden. Nach den Eisheiligen kann die Aussaat im Freiland erfolgen. Wer früher sät, muß die Pflänzchen durch Folie schützen oder für sie im Frühbeet ein Eckchen reservieren. Es gehört zu den Lichtkeimern, die Samen werden nur angedrückt, nicht mit Erde bedeckt. Die Keimzeit beträgt drei Wochen.
Auch die jungen Pflanzen dürfen erst in der zweiten Maihälfte an die frische Luft. Sie brauchen 20 cm x 20 cm Platz. Eine Bodendeckung mit reifem Kompost dankt Ihnen das Bohnenkraut mit üppigem Wachstum, aber Dünger mag es nicht.
Das einjährige Bohnenkraut hat einen mehrjährigen Vetter, das Bergbohnenkraut ***(Satureja montana)***. Geben Sie ihm einen warmen, windgeschützten Standort. Magerer Boden und Trockenheit bekommen ihm besser als üppige Kost und Feuchtigkeit. Der kleine Strauch bleibt im Winter grün und braucht während der kalten Jahreszeit eine wärmende Hülle aus Reisig.
Ernte: Knapp vor und während der Blüte werden die Stengel dicht über dem Boden abgeschnitten, frisch verwendet oder zu kleinen Sträußen zusammengebunden und an einem luftigen, schattigen Ort zum Trocknen aufgehängt. Die abgestreiften Blätter werden in gut schließenden Gefäßen aufbewahrt. Bohnenkraut ist auch getrocknet sehr aromatisch. Lassen Sie einige Pflanzen stehen, damit die Samen zur Aussaat im nächsten Jahr reifen können. Pflücken Sie die Körnchen, bevor sie braun werden, denn völlig ausgereift fallen sie leicht heraus.

Das Bergbohnenkraut läßt sich gut trocknen.

Borretsch

(Borago officinalis)

Vermutlich brachten die Araber das Gewürzkraut nach Italien und Spanien, von wo aus es sich über ganz Europa ausbreitete. Bereits im 17. Jahrhundert war Borretsch in England bekannt. Die Samen wurden von dort sogar nach Amerika exportiert.

Reizvolle Tischdekoration: Borretschblüten.

Die blauen Blüten der Pflanzen sehen im Garten hübsch aus und sind bei den Bienen beliebt.
Anbau: Das einjährige Kraut braucht einen nahrhaften, durchlässigen Boden und genügend Raum (40 cm x 40 cm). Borretsch wächst buschig und wird bis zu 80 cm hoch. Stehen die Pflanzen zu dicht, werden sie leicht ein Opfer von Blattläusen und Mehltau. Die Pflanzen brauchen mehr Wasser als die meisten anderen Gewürzpflanzen und freuen sich über einen sonnigen Standort. Da man mit einer Pflanze auskommt, lohnt die Aussaat nicht. Jungpflanzen gibt es im Frühjahr.
Ernte: Die blühenden Stengel werden geschnitten, frisch verwendet oder in Sträußen getrocknet. Sie müssen locker hängen und oft gewendet werden. Die Blätter verfärben sich leicht schwarz und sind dann unbrauchbar.

Dill

(Anethum graveolens)

Dill kommt wahrscheinlich aus dem Vorderen Orient, war aber auch den Indern, Ägyptern, Griechen und Römern bekannt. Im Mittelalter wurde Dill fester Bestandteil der klösterlichen Kräutergärten. Auch Karl der Große erwähnte in den berühmten Pflanzenlisten für seine Ländereien am Rhein und Mosel den Dill.
Anbau: Der einjährige Doldenblütler braucht einen lockeren, humosen Boden. Ein sonniges Plätzchen zwischen anderen Gemüsen eignet sich hervorragend als Standort, weil Dill auf viele Pflanzen eine positive Wirkung hat. Die erste Aussaat kann im April erfolgen, weitere Aussaaten sind bis in den Spätsommer möglich. Die Keimzeit beträgt 8–10 Tage.
Die Pflanzen werden bis zu 1 Meter hoch und müssen bei Trockenheit gegossen werden. Obenherum will Dill es sonnig haben, aber der Boden darf durchaus feucht sein. Deshalb gedeiht Dill auch besonders gut zwischen Gurken, die mit ihren großen Blättern die Erde beschatten und feucht halten.
Ernte: Dillblättchen kann man die ganze Saison ernten. Die Samen brauchen 2–3 Monate zum Ausreifen. Man schneidet die Dolden taunaß ab. Die Samen dürfen gerade erst bräunlich werden. Die Stiele werden zu Sträußen zusammengebunden und an einem luftigen, schattigen Ort aufgehängt. Legen Sie ein Tuch darunter, damit herausfallende Samen nicht verlorengehen.

Estragon

(Artemisia dracunculus)

Vermutlich stammt Estragon aus der Mongolei oder Sibirien, nach Europa brachten ihn die Kreuzritter. Man sagt dem Kraut nach, daß es vor Schlangenbiß schützt und sogar Gift aus den Wunden herauszieht.
Der Kenner unterscheidet zwei Arten: den widerstandsfähigen, aber nicht so aromatischen Russischen oder Sibirischen Estragon und den Französischen oder Deutschen Estragon.
Anbau: Die ausdauernde Pflanze – zwei reichen für einen Haushalt – mag humusreichen, leichten, etwas feuchten Boden und einen geschützten, sonnigen bis halbschattigen Standort. Der Russische Estragon wird im April ins Freiland ausgesät, den Französischen sollte man am besten als Jungpflanze im März oder April setzen. Die Staude wird bis zu einem Meter hoch und braucht 40 cm x 40 cm Platz. In trockenen Sommern muß kräftig gegossen werden. Estragon braucht Winterschutz, z.B. Fichtenreisig.
Ernte: Estragon kann laufend geerntet werden, getrocknet verlieren die Blättchen viel von ihrem Aroma.

Die filigranen, aromareichen Samenstände des Dills geben Einlegegurken erst die richtige Würze.

wuchs zu erzielen, müssen die Blütentriebe abgeschnitten werden.
Ernte: Die Blätter werden am besten laufend geerntet.

Kerbel wird 30 bis 60 cm hoch. Das feine Aroma erinnert ein wenig an Anis und paßt zu Suppen, Salaten und vielen Soßen.

Kerbel
(Anthriscus cerefolium)

Das feine Kraut mit den zarten Blättern stammt aus einer rauhen Gegend, dem Kaukasus. Über Italien kam es schließlich im Gepäck der Römer über die Alpen.
Anbau: Das einjährige Kraut braucht lockeren, guten, aber nicht frisch gedüngten Boden. Das kleine Kräutlein wächst gut an einem sonnigen Standort, toleriert aber auch ein wenig Schatten. Die Aussaat erfolgt bereits im März ins Freiland. Die Keimzeit ist sehr kurz. Bei trockenem Wetter muß man etwas gießen. Wer Kerbel besonders gern mag, sollte den Sommer über alle 14 Tage neu aussäen.
Ernte: Bereits gut sechs Wochen nach der Aussaat kann man mit der Ernte beginnen. Kerbel eignet sich nicht gut zum Trocknen.

Kresse
(Lepidium sativum)

Die Blättchen haben es in sich. Nicht umsonst nennt der Volksmund das Pflänzchen Pfefferkraut. Es stammt aus dem Vorderen Orient und ist heute in ganz Europa zu Hause.
Anbau: Die Ansprüche an den Boden sind gleich Null – Kresse wächst auch auf einem Papiertaschentuch, nur feucht muß es sein. Jeder Standort ist der Kresse recht. Die Aussaat erfolgt vom zeitigen Frühjahr bis in den Herbst hinein immer dort, wo auf den Beeten gerade Platz ist. Die Keimzeit beträgt 3–4 Tage.
Ernte: Kresse muß man ungefähr 10 Tage nach der Aussaat ernten, denn die kleinen Blättchen schmekken jung am besten.

Liebstöckel
(Levisticum officinale)

Liebstöckel stammt wahrscheinlich aus Südeuropa und gehört auch zu den altbekannten Gewürz- und Heilkräutern. In der berühmten Liste Capitulare de villis, in der Karl der Große alle Pflanzen aufführen ließ, die in seinen Gärten angebaut werden sollten, ist auch Liebstöckel erwähnt. Die leicht zu kultivierende Pflanze wurde schnell in vielen Bauerngärten heimisch.
Anbau: Der mehrjährige Doldenblütler ist eine winterharte Staude. Sie kann bis zu 2 Meter hoch werden und braucht daher viel Platz. Der Boden soll kräftig, lehmig, tiefgrundig und mäßig feucht sein. Am besten pflanzt man Liebstöckel als zweite Tracht auf einen ursprünglich mit Stallmist oder Kompost gedüngten Boden. Die Pflanze freut sich einmal im Jahr über einen Guß mit Brennesseljauche. Der Standort kann halbschattig sein. Eine Pflanze reicht völlig. Um einen stärkeren Blatt-

Majoran
(Origanum majorana)

Die alten Ägypter haben Majoran bereits als Kulturpflanze angebaut, und auch den Griechen und Römern des Altertums war er bekannt. Zu uns kam der Majoran erst im 16. Jahrhundert, ebenfalls als Kulturpflanze. Wild wächst er allerdings nur in seiner ursprünglichen Heimat rund um das östliche Mittelmeer. Als Medizin gegen Erkältungen soll Majoran-Tee einst im Dreißigjährigen Krieg den Feldherren Wallenstein vom Schnupfen befreit haben.
Anbau: Der einjährige Lippenblütler braucht leichten, durchlässigen, aber nährstoffreichen Boden. Schwere Böden müssen unbedingt gelockert und verbessert werden. Untergearbeiteten reifen Kompost dankt der Majoran mit prächtigem Gedeihen. Der Standort soll vollsonnig und auch windgeschützt sein, denn Majoran ist sehr kälteempfindlich.

Majoran ist typisch für die französische Küche.

Die Aussaat erfolgt im März im Frühbeet, nach den Eisheiligen setzt man die Pflanzen ins Freiland. Zu dieser Zeit kann auch im Freien gesät werden. Die Samen dünn mit Erde bedecken. Einfacher ist es, Jungpflanzen zu kaufen, die im späten Frühjahr überall angeboten werden. Der Abstand zwischen den Pflanzen muß 15 cm betragen. Der Boden um die

Pflanze herum soll regelmäßig gelokkert werden, damit Wildkräuter gar nicht erst heimisch werden. Man bekommt im Fachhandel zwei Sorten: den Blattmajoran (auch Französischer Majoran genannt), eine kräftige, blattreiche Pflanze, und den Knospenmajoran (auch Deutscher Majoran genannt), der bei uns besser wächst. Majoran blüht von Juni bis September weiß, rosa oder lila.
Ernte: Geerntet werden die jungen Triebspitzen und Blütenähren, kurz bevor sich die Knospen öffnen oder während der Blüte. Der beste Zeitpunkt sind die frühen Morgenstunden oder der späte Nachmittag, weil der Gehalt an ätherischem Öl dann am höchsten ist.

Melisse
(Melissa officinalis)

Die Heimat der Melisse ist der Vordere Orient, aber das Kraut war schon vor vielen hundert Jahren in ganz Südeuropa verbreitet. Bereits in den Schriften des Hippokrates (5. bis 4. Jahrhundert v. Chr.) wird die Melisse lobend erwähnt. Der arabische Arzt Avicenna (980 bis 1037 n. Chr.) verschrieb sie seinen Patienten ebenso wie Paracelsus (1493 bis 1541 n. Chr.). Die Benediktiner brachten die Pflanze über die Alpen, und die Araber hatten die Melisse im Gepäck, als sie nach Spanien zogen Bekannt ist vor allem der Melissengeist. Die Karmeliter-Mönche waren die ersten, die 1611 aus Melisse und anderen Zutaten den „Karmelitergeist" herstellten.
Anbau: Der ausdauernde Lippenblütler braucht einen feuchten, durchlässigen, sehr humusreichen Boden. Wie in ihrer Heimat will die Melisse auch bei uns einen sonnigen, windgeschützten Standort. Im März kann unter Glas, im Mai ins Freie ausgesät werden. Ab August werden die Pflanzen vereinzelt, Abstand ca. 40 cm. Einfacher ist es, im Frühjahr Jungpflanzen zu setzen. Melisse freut sich über regelmäßige Kompostgaben und mag keine „Mitesser" in nächster Umgebung. Aber Vorsicht beim Hacken – die Wurzeln liegen flach unter dem Boden. Melisse kann bis zu 1 m hoch werden. Bei den Bienen ist das Kraut sehr beliebt: Man sollte deswegen einige Pflanzen blühen lassen. Im Winter sterben die oberirdischen Pflanzenteile ab und werden abgeschnitten. Der Rest wird abgedeckt.
Aus Nordamerika zu uns eingewandert ist eine sehr dekorative Verwandte der Zitronenmelisse: die Goldmelisse, auch Indianernessel genannt ***(Monarda didyma)***. In feuchtem, humusreichem Boden an einem sonnigen oder halbschattigen Platz zeigt sie von Juni bis Oktober ihre herrlichen roten Blüten. Im Geschmack und Duft ähnelt sie jedoch der Minze und nicht der Melisse.

Schon wegen ihres angenehmen Duftes sollte die Goldmelisse in keinem Garten fehlen. Die mehrjährige Staude wird 100 cm hoch.

Ernte: Vor der Blüte (Ende Juni/Anfang Juli) werden die Stiele an einem kühlen Tag ca. 10 cm über dem Boden abgeschnitten umd möglichst schnell, hängend im Schatten getrocknet. Melisse ist sehr druckempfindlich, die Blätter werden braun und unansehnlich. Deshalb ist bei Melisse eine künstliche Trocknung empfehlenswert; in diesem Fall die Blätter vorher vorsichtig abpflücken und auf ein sauberes Tuch legen. Zum sofortigen Gebrauch kann laufend geerntet werden.

Oregano
(Origanum vulgare)

Oregano ist der „wilde" Vetter des zahmen Majoran. In seiner Heimat Südeuropa und Asien wächst er noch heute in freier Natur. Schon in der Antike schätzte man die feine Würze des Krauts, sprach ihm aber noch ganz andere Kräfte zu. Mit Oregano wurden Brautpaare bekränzt und Gräber bepflanzt: Glück im Diesseits und Jenseits. Im Mittelalter schützte ein Sträußchen Oregano gegen die bösen Machenschaften des Teufels. Arbeitern mischte man das Kraut als Stärkungsmittel ins Essen.
Anbau: Der ausdauernde Lippenblütler braucht trockenen, durchlässigen Boden. Der Herkunft entsprechend sollte man ihm den wärmsten Platz im Garten geben. Sehr gut eignet sich ein Steingarten als Standort für das Bergkraut. Die Pflanze gedeiht dort besser als in einem flachen Beet. In rauheren Lagen ist

ein Winterschutz notwendig. Im Frühjahr wird die Pflanze bis auf wenige Zentimeter zurückgeschnitten.
Oregano kann im April ausgesät werden. Einfacher ist es, ein oder zwei Jungpflanzen zu kaufen und sie nach den Eisheiligen in den Garten zu setzen.
Ernte: Während der Blüte (Juli bis September) ist der Wirkstoffgehalt am höchsten. Die Stengel kurz über dem Boden abschneiden, zusammenbinden, frisch verwenden oder im Schatten zum Trocknen aufhängen. Die Temperatur darf nie höher als 30° C sein.

Petersilie

(Petroselinum crispum)

Schon im Altertum baute man Petersilie als Kulturpflanze an. Heute wächst das Kraut auf der ganzen Welt. Für die alten Griechen war Petersilie ein Symbol der Festlichkeit. Ob die kleinen Blättchen deswegen oft nur als grüne Dekoration auf kalten Platten zu finden sind?
Anbau: Petersilie ist zweijährig, d.h., die Pflanze blüht im zweiten Jahr. Aber auf die Blüte kommt es dem Gemüsegärtner nicht an. Im Gegenteil. Sobald sich die Blüten zeigen, verlieren die Blätter viel von ihrem Aroma. Deshalb wird das Kraut wie eine einjährige Pflanze behandelt und jedes Jahr wieder in nährstoffreichen, durchlässigen Boden an einem leicht schattigen Standort neu ausgesät. Man muß jedoch jedes Jahr ein neues Plätzchen suchen, weil Petersilie mit sich selbst unverträglich ist. Die Aussaat erfolgt im März ins Freiland. Die Keimzeit ist sehr lang, drei bis vier Wochen.
Ernte: Bereits im Juni kann man die ersten Blättchen abschneiden, mit Glück auch noch im Winter.

Pfefferminze

(Mentha x piperita)

Schon immer – möchte man sagen – gab es wildwachsende Pfefferminzarten in ganz Europa. Stellvertretend für viele seien hier nur die Wasser- oder auch Bachminze und die Ackerminze genannt. Die heute übliche Kulturpflanze, ***Mentha x piperita***, kam im 17. Jahrhundert aus Großbritannien zu uns auf den Kontinent und ist eine Kreuzung zwischen Wasserminze und Grüner Roßminze.
Anbau: Die ausdauernde Staude gehört zur Familie der Lippenblütler. Sie bevorzugt feuchten, humusreichen Boden, auch moorige Erde, und freut sich über reichlich Kompost. Der Standort kann halbschattig, muß aber luftig sein. Pfefferminze wird bis 80 cm hoch und braucht viel Platz. Vor dem Pflanzen muß das Beet von Unkraut befreit werden; später ist diese Arbeit nicht mehr nötig, weil die Pfefferminze bald den ganzen Boden bedeckt und allen anderen Pflanzen „die Luft" zum Leben wegnimmt. Gesät wird zwischen März und Mai im Gewächshaus oder Anzuchtkasten, gepflanzt ab Mitte Mai. Kaufen Sie Jungpflanzen oder Wurzelausläufer. Die flachen Wurzeln der Pflanze wandern manchmal durch den ganzen Garten und werden leicht zum „Unkraut". Diesem Wandertrieb kann man Einhalt gebieten, indem man die Pflanze zusammen mit einem alten Korb oder einem ausgedienten Frühbeetkasten in die Erde pflanzt. Pfefferminze wächst auch gut in einem großen Topf. Die Pflanzen werden manchmal vom Pfefferminzrost befallen, einer Pilzkrankheit, die rote Flecken an den Blättern verursacht. Da hilft nur eines: die Pflanzen radikal abschneiden. Die neuen Triebe sind wieder gesund. Außer der gebräuchlichen Pfefferminze gibt es als Kulturpflanze noch Ananasminze, Apfelminze, Gewürzminze, Orangenminzen, Poleiminze.
Ernte: Kurz vor der Blüte morgens, wenn der Tau abgetrocknet ist, oder am späten Nachmittag, werden die Stengel kurz über dem Boden abgeschnitten, zu Sträußen zusammengebunden und kopfüber im Schatten zum Trocknen aufgehängt. Pfefferminze bekommt im Juli/August rosa bis violettfarbene Blüten. In besonders warmen Sommern ist eine zweite Ernte möglich. Die getrockneten Blätter werden kühl und dunkel ohne Stengel in einem gut schließenden Gefäß aufbewahrt.

In der Küche wird Pfefferminze nicht so häufig verwendet. Doch als gesunder und erfrischender Tee ist das Kraut in aller Munde.

Pimpinelle

(Sanguisorba minor)

Das zarte Pflänzchen stammt vermutlich auch aus dem Mittelmeerraum, wächst aber heute fast überall.
Anbau: Die Pflanze braucht trockenen, kalkhaltigen Boden und einen sonnigen Standort. Da zwei Pflanzen für den Hausgebrauch reichen, sollte man Jungpflanzen setzen (April) und auf eine Aussaat verzichten.
Ernte: Die zarten Blätter werden laufend geerntet und immer frisch verwendet.

Portulak

(Portulaca oleracea)

Das bei uns nicht sehr bekannte Küchenkraut stammt ursprünglich aus Indien, wächst aber schon lange im Mittelmeerraum und hat sich auf der ganzen Welt ausgebreitet. Der Geschmack ist leicht säuerlich.
Anbau: Das einjährige Kraut braucht einen durchlässigen, eher mageren Boden. Unbedingt erforderlich ist ein sonniger Standort. Die Aussaat erfolgt ab Mai alle drei Wochen, dann kann man laufend die fleischigen, kleinen Blättchen schneiden. Die Pflanze braucht viel Feuchtigkeit.
Ernte: Mit der ersten Ernte kann man bereits vier Wochen nach der Aussaat beginnen. Zum Konservieren eignet sich Portulak nicht. Der kluge Gärtner sorgt auf andere Art für ganzjährigen Genuß und sät auch Winterportulak ***(Montia perfoliata)***. Die Ansprüche an Boden und Standort sind die gleichen.

Portulak schmeckt roh im Salat oder gekocht.

Viel Wärme und Licht braucht der Rosmarin. Im Winter sollte man die Pflanzen ins Haus holen.

Rosmarin

(Rosmarinus officinalis)

In seiner Heimat rund um das Mittelmeer wächst Rosmarin wild an steinigen, trockenen Hängen. Zauber- und Heilkräfte sprach man dem Kraut im Altertum zu. Die Griechen weihten Rosmarin ihrer Liebesgöttin Aphrodite. Noch heute wird in einigen Gegenden Bayerns der Braut Rosmarin statt Myrte in den Brautstrauß gebunden, als „Garant" für Liebe und Treue. Auch praktische Kräfte werden dem Kraut zugesprochen: Zwischen die Wäsche gelegt, soll es Motten vertreiben.
Über die Alpen kam das Kraut im Gepäck der Benediktiner. Karl der Große ließ es auf seinen Ländereien anbauen, und Sebastian Kneipp lobte seine heilende Wirkung.
Anbau: Der ausdauernde, immergrüne Lippenblütler braucht leichten, durchlässigen, humosen Boden. Schwere Böden müssen unbedingt mit Sand oder Kieselsteinen aufgelockert werden. Im Frühjahr freut sich Rosmarin über etwas organischen Dünger, ab August muß er trocken und mager gehalten werden. Geben Sie dem Rosmarin einen sehr sonnigen Standort, am besten vor einer Mauer. Nur an einem sehr günstigen Ort kann die Pflanze das ganze Jahr über draußen wachsen. Rosmarin pflanzt man deshalb besser in einen großen Topf und stellt ihn an einem geschützten Ort auf. Denn in den meisten Fällen muß das Kraut den Winter im Haus verbringen. In der kalten Jahreszeit soll Rosmarin an einem kühlen, hellen Ort stehen, bei zu warmem Standort treibt er schwächliche Wintertriebe und ist

anfällig gegen Schädlinge. Im Haus darf nur so viel gegossen werden, daß der Wurzelballen nicht völlig austrocknet.
Mit seinen feinen blauen Blüten und dem besonders am Abend betörenden Duft ist Rosmarin auch eine Attraktion im Steingarten und eine ausgezeichnete Bienenweide.
Ernte: Geerntet wird an warmen, trockenen Tagen, kurz bevor die Knospen aufspringen. Rosmarin soll schnell getrocknet werden, die Temperatur darf aber 35° C nicht überschreiten. Schneiden Sie für den normalen Bedarf immer nur wenige Zweige auf einmal ab, damit die Pflanze nicht leidet.

Salbei

(Salvia officinalis)

An kalkhaltigen Hängen in Dalmatien, Griechenland und Spanien wächst Salbei noch heute wild. Auch bei uns gibt es wilde Arten, die aber sehr wenige Wirkstoffe enthalten. Der botanische Name ***Salvia*** hängt eng mit dem lateinischen Salve = Heil zusammen, womit eigentlich schon alles gesagt ist. Ein noch heute gebräuchliches Sprichwort unterstreicht die große Bedeutung von Salbei in der Volksmedizin: „Wer ewig leben will, der esse Salbei im Mai". Deshalb war Salbei in Klostergärten besonders geschätzt.
Anbau: Der ausdauernde Lippenblütler braucht einen kalkhaltigen, trockenen, durchlässigen Boden, schwere Erde muß mit Sand gelokkert werden. Ein wenig Kompost dankt die Pflanze mit üppigem Wachstum. Überhaupt – Salbei braucht viel Platz und einen sonnigen Standort. Auch dieses Kraut gilt als Bereicherung in jedem Steingarten und als gute Bienenweide. Aussaat ist möglich, aber einfacher ist eine Vermehrung durch Teilung älterer Wurzelstöcke. Oft bilden sich auch Absenker an herunterhängenden Zweigen. Salbei braucht einen Winterschutz und wird erst im Frühjahr zurückgeschnitten. Er treibt am alten Holz wieder aus.
Ernte: Die Triebspitzen werden kurz vor der Blüte geschnitten und im Schatten ausgebreitet getrocknet oder frisch verwendet. (Schneiden Sie nicht zu viele Blätter ab – sie schützen den Strauch im Winter vor Kälte und Sonne.)

Auch wer Salbei als Gewürz und Tee nicht schätzt, muß auf diese schöne Staude nicht verzichten.

Schnittlauch

(Allium schoenoprasum)

Der zarte Vetter von Porree und Zwiebel steht zusammen mit Petersilie ganz oben auf der Kräuter-Hitliste. Vermutlich stammt das Kraut aus Asien und wird seit dem späten Mittelalter auch bei uns angebaut. Schnittlauch ist in den gemäßigten Zonen Europas, Asiens und jetzt auch Nordamerikas verbreitet.
Anbau: Die mehrjährige Pflanze wächst am besten in nährstoffreichem, leicht feuchtem und kalkhaltigem Boden. Gleichermaßen gut verträgt Schnittlauch einen sonnigen oder halbschattigen Standort. Man sollte sich im Frühjahr Jungpflanzen kaufen. Zwei bis drei Horste decken den Bedarf einer Familie. Im Laufe der Jahre werden die Pflanzen immer größer und lassen sich gut teilen.
Ernte: Die Halme können während der ganzen Saison geschnitten werden. Ernten Sie jedesmal von einem anderen Horst, damit sich die Pflanzen immer wieder erholen können.

Thymian

(Thymus vulgaris)

Die Heimat des Thymians sind die immergrünen Buschwälder und Felsenheiden rund um das Mittelmeer. Bekannt war das Kraut bereits im Ägypten der Pharaonen, wie Grabfunde beweisen. Es wurde wegen seiner konservierenden Eigenschaften und seines aromatischen Duftes den Leichenharzen beigemischt, mit denen man die Toten einbalsamierte. Aber auch als Heil- und Gewürzkraut war die Pflanze in der Antike bekannt. Den Weg über die Alpen fand Thymian recht spät, im 11. Jahrhun-

Quendel (wilder Thymian) ist sehr genügsam.

dert. Thymian gilt außerdem als Symbol für Mut, Stil und Eleganz.
Anbau: Der ausdauernde Lippenblütler ist ein buschiger, niedriger Halbstrauch, dessen Stengel allmählich verholzen. Er braucht einen lockeren, trockenen Boden und darf nicht gedüngt werden. Seiner Herkunft nach muß man ihm einen sonnigen Standort geben. Besonders gut wachsen Thymian und sein wilder Vetter Quendel im Steingarten. Thymian behält das ganze Jahr über seine grünen Blättchen. In kalten Lagen muß er im Winter abgedeckt werden. Es gibt drei Sorten:
1. Französischer oder Sommerthymian bleibt recht niedrig und ist kälteempfindlich.
2. Deutscher oder Winterthymian wächst höher und übersteht normale Winter ohne Schaden.
3. Zitronenthymian duftet stark nach Zitronen und wird wie die anderen Sorten angebaut.
Übrigens: Thymianblüten sind bei den Bienen sehr beliebt.
Ernte: Zu Beginn der Blüte (Juni/Juli) werden die noch nicht verholzten Pflanzenteile ganz abgeschnitten, von den verholzten Stengeln streift man die Blätter ab. Man darf aber immer nur so viel ernten, daß die Pflanze nicht leidet. In den Mittagsstunden ist der Gehalt von ätherischem Öl am höchsten. Blätter und Stengel werden flach ausgebreitet und im Schatten getrocknet. Beim künstlichen Trocknen darf die Temperatur 35° C nicht übersteigen.

Tripmadam

(Sedum reflexum)

Das kleine, genügsame Gewächs ist auf der nördlichen Halbkugel zu Hause und wächst sogar in Norwegen und Finnland. Die Verwandten sind bekannte Steingartengewächse, und auch Tripmadam kann man neben ihnen anpflanzen.
Anbau: Das Kraut zeichnet sich durch außergewöhnliche Genügsamkeit aus und ist mit mageren Böden zufrieden. Nässe verträgt Tripmadam allerdings überhaupt nicht. Am günstigsten ist ein sonniger Standort. Man kauft sich eine Jungpflanze im Frühjahr. Eine Aussaat lohnt sich nicht. Die Pflanze breitet sich schnell aus.
Ernte: Man kann das ganze Jahr hindurch ernten, das Kraut ist immergrün. Tripmadam hat einen feinsäuerlichen Geschmack.

Ysop

(Hyssopus officinalis)

Die Heimat dieser Heil- und Gewürzpflanze ist Südosteuropa. Man kennt Ysop aber auch seit vielen Jahrhunderten in Asien. Buddhistische Mönche haben früher Ysopbüschel in ihren Klöstern aufgehängt, weil der starke Duft der Pflanzen angeblich Krankheiten vertreibt. Auch in der Antike wurde Ysop als Duftpflanze in den Tempeln geschätzt. Und selbst die katholische Kirche benutzte diese Pflanze – als Weihwassersprenkel. Die Franzosen nennen Ysop sicherlich wegen dieser „heiligen" Vergangenheit „herbe sacré".
Anbau: Der mehrjährige Lippenblütler braucht lockeren, durchlässigen Boden, der mit etwas Kalk und Kompost verbessert wurde. Ansonsten ist Ysop sehr anspruchslos. Der Standort muß sonnig sein. Die Pflanze ist auch für den Steingarten geeignet und eine gute Bienenweide. Ysop kann im zeitigen Frühjahr unter Glas ausgesät werden. Da aber eine Pflanze für einen Haushalt ausreicht, ist es einfacher, im April eine Jungpflanze zu kaufen. Ältere Pflanzen können geteilt werden. In rauhen Gegenden braucht Ysop einen Winterschutz. Die Pflanze verliert im Winter ihre Blätter und wird erst im Frühjahr zurückgeschnitten.
Ernte: Während der Blüte (Juli/August) werden die oberen, zarten Teile abgeschnitten und entweder frisch verbraucht oder zu kleinen Sträußen gebündelt und kopfüber an einem schattigen, luftigen Ort zum Trocknen aufgehängt. Vorsicht: Die Blätter fallen leicht ab.

Mit Ysop würzt man sparsam, weil das Aroma intensiv ist. Das Kraut paßt zu deftigen Speisen.

Register

Seitenzahlen *KURSIV:*
Pflanze ist im Bild dargestellt.

Seitenzahlen NORMAL:
Stichwort ist im Text erwähnt.

Seitenzahlen **FETT:**
Ausführlicher Beitrag und Bild.

Fotografen

de Cuveland, Fehn-Foto, Geduldig, Krieger, Naturbild, Nickig, Redeleit, Rogers, Sammer, Scheinkofer-Kipphardt, Schrempp, Sperli, Stehr, Stein, Strauß, Wetterwald, Dr. Zunke.

Illustratoren

Gebhardt, Küster-Wasow.